黑格爾的社會存有論
Hegel's Social Ontology

蔣年豐 著

陳榮灼教授 審閱修訂
William L.McBride 教授 導言
楊儒賓教授 跋
劉增雄 等譯

臺灣 學生書局 印行

獻給桂芬

致謝

在論文寫作的過程中，我要特別感謝我的指導老師 William L. McBride 教授。他的鼓勵、耐心、和哲學上的開放胸襟對本論文的完成有莫大的幫助。我也要誠摯地感謝 Calvin O. Schrag, T. Kermit Scott, 和 Kenneth Westphal 三位教授對本論文所作之深入的評論與建議，使得本論文更臻完善。

INTRODUCTION

WILLIAM L. McBRIDE

Professor of Philosophy, Purdue University
General Secretary, FISP (Fédération Internationale des Sociétés de Philosophie)

It is a great pleasure for me, albeit a pleasure tinged with much sadness, to write this brief introduction to the Chinese translation of Dr. Nien-Feng Chiang's Doctoral disssertation, of which I had the honor of being the principal advisor. Dr. Chiang was an important force, as I have been given to understand, in the intellectual life of Taiwan during his comparatively brief career following his return from the United States. Alas, he is no longer among us. My own little dream of being his guest one day in Taiwan – an idea that we discussed on the occasion of my last meeting with him, over lunch in Louvain, Belgium, where he was undertaking research in the Husserl Archives and I was passing through – was never to be realized; but his death shattered many other, more important dreams and expectations as well.

It is hard for me to see any Hegelian "cunning of reason" in this turn of events. But perhaps that is because I am too shortsighted. Dr. Chiang himself places no great importance on this particular Hegelian concept of history in the work that you are about to read, a work that repeatedly underscores the significance of many other aspects of Hegel's thought, particularly aspects of his *Philosophy of Right*. Nevertheless, it is true that Dr. Chiang wrote this study against a serious historical background, a background of which he informs us at the outset: the parallel disasters of the French Revolution, of which the Reign of Terror was the immediate outcome, and of the Chinese Cultural Revolution. Hegel saw history as strewn with tragedies, "wrecks confusedly hurled," but he claimed that history's long-term achievement was the increasing realization of freedom and the vindication of reason and of divine justice (theodicy). Might we perhaps hope that out of the tragedy of Dr. Chiang's premature death a more reasonable, more philosophical spirit might come to be disseminated through the published writings and the memory of this most reasonable man?

As I re-read Dr. Chiang's dissertation by way of collecting my ideas for this little introduction, I was struck anew by several of its features, beginning with the quality of its scholarship. Not only does he draw extensively on secondary works on Hegel, but he also undertakes a somewhat detailed excursion through the history of the Western social contract tradition, examines fundamental elements in the philosophies of Plato and Aristotle in order to ascertain to which of them Hegel shows greater affinity and in which respects, and takes on the challenge of Sir Karl Popper's slashing attacks on both Plato and Hegel. All of this is a considerable achievement. Nor is Dr. Chiang's own scholarship of the passive, acquiescent sort that takes others' conclusions at face value. To cite just two examples, he disputes the widespread notion that the idea of "objective spirit" came to Hegel only later in his career, and he rejects Seyla Benhabib's claim that an "epistemological break" took place in Hegel's thinking between 1802 and 1805.

Among Dr. Chiang's most important and original findings are his claim that Hegel has a more ontological, and not merely teleological, understanding of the *good* that manifests a clearly Platonic element in his philosophy, and his very provocative and, I think, perceptive observation that Popper's analyses take place at the level of what Kant called the Understanding (or, as Hegel himself usually called it, the "mere Understanding"), as opposed to the level of reason at which Hegel always sought to express himself. There are many other philosophical gems to be mined in Dr. Chiang's work, but I leave the discovery of them to you, his new Chinese/Taiwanese readers.

I would like in conclusion simply to point out two of the broader achievements and implications of this work: (1) its value as an excellent illustration of outreach toward the Western philosophical tradition on the part of a scholar with deep roots in Asian thought; and (2) its implicit appeal to a philosophically-based spirit of political conciliation. I am sure that Dr. Chiang would have been happy to learn that his *"Doktorvater"* – to use the evocative German expression – had become the Secretary General of the International Federation of Philosophical Societies. In that capacity, I find these two qualities, along with many other aspects of this early work that he carried out with my assistance, to be very much in conformity with my own highest aspirations for philosophy today, aspirations that I believe are shared by most of the Federation's member societies. "Rethinking Philosophy Today", the theme of the Federation-sponsored 2008 World Congress of Philosophy – which, with its venue in Seoul, will be the first ever to be held in Asia – can also be regarded, in retrospect, as a central theme of this valuable work, written by a then-young Asian scholar a generation ago.

*   *   *   *   *   *

Finally, I want to express my deepest gratitude to Professor Chan-yuan Chang, who was himself a student of Dr. Chiang's, for having taken the initiative that has led to this publication, as well as for his extreme diligence in making certain that he had a correct understanding of every line of the text. I also thank

Professor Wing-cheuk Chan for his revisions of the translation and for his own introduction; to Dr. Chiang's widow, Guey-Fen, whom I remember from her time in Indiana; to Dr. Andres Siu-Kwong Tang of the Hong Kong Baptist Theological Seminary, who was apparently the first scholar to have read the entire dissertation and to have proposed that it be published; and to all others who have been responsible for bringing this project to completion.

導 言

William L. McBride

美國普渡大學　哲學系教授
國際哲學社團聯合總會（FISP）　執行秘書

　　我很榮幸、雖然也夾雜著不少哀傷，來為蔣年豐教授的博士論文之中譯本寫這篇簡短的導言。我是蔣教授論文的主要指導教授，就我所知，在其從美國回台灣任教的短暫歲月中，蔣教授於台灣的學術界是個重要的力量。可惜，他已離開了我們。我自己曾有一個小小的夢想，就是有一天能以他的賓客的身份到台灣訪問，但這個夢想已無法實現了。這個夢想原是我們在比利時魯汶大學最後一次見面時冒出來的，當時蔣教授在該校的胡賽爾文獻中心進行研究，而我恰好順道經過。蔣教授的過早去世同樣地敲碎了其他許多更為重要的夢想與期望。

　　對于我個人而言，要從這個事件看出任何黑格爾式的「理性的詭計」是頗為困難的。不過，這或許是由於我過於短視所致吧！在這篇論文中蔣教授並未對這個特殊的黑格爾的歷史概念加以廣泛討論。基本上，這篇論文孜孜于強調黑格爾思想之其他面相，尤其是《法哲學原理》一書中的面相

的重要性。但是，蔣教授乃係對照著一個嚴肅的歷史背景而寫出此論文的。在論文的開頭，他提到了法國大革命（恐怖統治[The Reign of Terror]是其立即的結果）與中國文化大革命之間的平行式災難。在黑格爾眼中，歷史充滿著悲劇：「如棄船般的殘餘混雜在一起」（wrecks confusedly hurled），然而他卻肯定歷史的長期成就將會是自由的逐步實現、以及理性與神聖的公道（辯神論）的證實。我們或許可以期望：藉著對此一極具洞見之學者著作的出版與懷念，一種更為理性的、哲學的精神可從蔣教授英年早逝的悲劇中散播開來。

當我重新閱讀蔣教授的博士論文，聚精會神，以便來寫這篇簡短的導言時，再一次為其學術水平與個中的許多特色而感到震懾。他不僅廣泛地使用了與黑格爾相關的研究文獻，且相當詳細地論述了西方社會契約論的傳統；檢視了柏拉圖與亞里士多德哲學的要素，進而判定了黑格爾與兩者關連性的程度；他也回應了卡爾・巴柏對於柏拉圖及黑格爾所作出的嚴厲批評，這全都是值得肯定的成果。此外，蔣教授本身的學術工作不是屬於被動、順從的類型，他不會輕率地從別人的結論出發。舉兩個例子來說，他既反對認為「客觀精神」的觀念只在黑格爾的晚期思想中方出現之流行見解；也否定了 Seyla Benhabib 主張黑格爾思想在 1802 年與 1805 年之間出現一「知識論的斷裂」的論點。

蔣教授重要而原創性的發現中有兩項值得指出：一是他

宣稱黑格爾對於「善」理解基本上是屬于存有論、而非僅是目的論的，這展現出黑格爾哲學中鮮明的柏拉圖色彩。另一則是他認為巴柏的分析局限於康德所稱的知性的層次（或者如黑格爾所常說的「僅為知性」[mere Understanding]），因而與黑格爾所著重的理性層次相對立，這是一極為引人注目且（我認為）十分敏銳的觀點。蔣教授的論文中還有許多值得開發的哲學精華，但我想最好把這項工作留給漢語界的讀者。

作為結論，我要指出這篇論文的兩項較具一般意義的成就及其義涵。首先，這代表了一位植根于亞洲傳統的學者深入探索西方哲學傳統的卓越成果。其次，此中隱含了一重視以哲學為基礎的政治協商精神的要求。我確信蔣教授如果知道他的「博士父親」（*Doktorvater*）──借用一煽情的德文詞──現在成為「國際哲學學會聯合總會」（International Federation of Philosophical Societies）的執行秘書，應該會感到很高興。在此職能中，我發現我所指導的這篇論文的上述兩個特質乃至其他的許多面相，和我自己對於今日哲學的最高期許十分吻合，而這些期許相信也是總會其他團體會員所共有的。「重新思考今日之哲學」是總會要主辦之 2008 年世界哲學會議的主題，此會將於韓國首爾舉行，在亞洲尚屬首次！回首而觀，大會主題也可看成是這篇在三十年前由一位年輕亞洲學者所寫的有價值之著作的一個主題。

*　　*　　*　　*　　*　　*

　　最後，我要對張展源教授表示衷心之謝意！由於他的倡議，這篇論文的中譯本才得以出版，他還為校勘字句付出了莫大之心力。我同時感激陳榮灼教授之修正工作與其所寫之序言。蔣教授的遺孀何桂芬女士、香港浸信會神學院的鄧紹光博士——他應該是第一位讀完這本論文之原文並建議將其出版的學者、以及所有對完成這項計劃曾作出貢獻的朋友，我也要在此一併致謝。

（張展源譯，陳榮灼修訂）

X 黑格爾的社會存有論

序

陳榮灼

加拿大 Brock University 哲學系教授

在新舊世紀交替之間，向以分析哲學為主流的美國竟出現了黑格爾哲學的復興趨勢。這股潮流的主要代表人物有 Robert Pippin, Terry Pickard 和 Robert Brandom。若果說二十世紀首先於法國復興黑格爾哲學的 Alexandre Kojève 是結合了海德格之存在思想來將之「馬克斯化」，那末現在美國學者所強調者雖然亦為其實踐哲學、但卻孜孜于將黑格爾和馬克斯分家。而又與十九世紀英國之新黑格爾主義的神祕主義傾向不同、美國之黑格爾主義者致力於黑格爾和實用主義的綜合，例如 Brandom 便將黑格爾視作一新實用主義者，而其師 Richard Rorty 甚至認為整個分析哲學已進入了一「黑格爾階段」。就黑格爾之著作而言，則美國學者之研究特色是將其《法哲學原理》與《精神現象學》作對比、交差性探討，這完全迥異於十九世紀意大利之新黑格爾主義的偏重其《歷史哲學》和《美學》。此外、即使美國學者之重點在於其實踐哲學，但他們堅持黑格爾之進路並沒有逸出以「觀」（bios theoretikon / vita contemplative）為主，是以不同於馬克斯之旨在「改造世界」。

　　本書原為於上世紀八十年代中期以英語在美國普渡大學寫成的博士論文，儘管尚未出版、但其實可以看成是預示了這股於美國方興未艾之黑格爾哲學復興潮流的先鋒性作品。正如其內容所示，黑格爾之實踐哲學本質上並不保守、而且十分進步！純從學術研究之角度來說，本書之原文可說是英語界中最先利用當時剛出版之重新發現的黑格爾於 1817/1818 年在海德堡大學和 1819/1820 年在柏林大學講授法哲學之兩個學生筆錄、來為黑格爾之實踐哲學作辯護。尤其難能可貴者，此中作者同時大量採用了耶拿時代著作來印証黑格爾思想中的民主元素。

　　可惜蒼天弄人、未能假年豐兄以天年，否則其成就當不止於此。作為其生前之同事與摯友，竟於今日方細讀其博士論文，尤感遺憾！事實上、與年豐兄完成其博士論文之同時，由於得到國科會之資助，在 Habermas 之指導下我正於法蘭克福大學從事比較黑格爾與 Habermas 之個體性理論研究，同樣地埋首於上述兩本法哲學筆錄和耶拿手稿的閱讀。但基於對其博士論文之無知，後來竟一直未嘗與年豐兄在這方面作深入的討論。這豈非如黑格爾所言：「米娜娃的貓頭鷹在午夜方起飛」！不過、希望本書之出版，能於漢語界激起一探討黑格爾實踐哲學之新思潮，以慰年豐兄在天之靈！特別是從黑格爾哲學我們可得出一項教訓：一個缺乏思想的民族是淺薄的，而其政治上的表現必定是亂作一團的。

2007 年於尼亞加拉瀑布畔

自　序

　　大約二十年前，即 1966 年，當我還是孩提，就讀於中台灣的小學，有一天大雨滂沱，校長召集全體師生站在各自教室之前──根據先前經驗，這很不尋常──聽他宣布一項重要的消息：中國大陸爆發了文化大革命！雖然校長強調此巨大運動的嚴重性，但當時我對此卻並無任何具體感覺。然而，從此以後，該情景深懸我心，而我卻不明所以。

　　伴隨成長，我對中華文化精神愈發產生同情的理解，就愈了解文化大革命對此精神的重大傷害。即使這個革命確實破除了中華文化中某些封建元素，但其極端性卻摧毀了持續五千年的中華文化的所有理性基礎。

　　事實上，文化大革命之於我，猶如法國大革命之於黑格爾。將這兩個革命縮結一起並非無據的。1943 年，在其統治權建立之前，毛澤東告訴一位中國學者：所有西方的歷史環結中，他尤其受到法國大革命的激勵。黑格爾指出：暴民所展示的文化大革命的毀滅性力量，在概念上乃係建基於虛無的自由（freedom of the void）。我常想這種詮釋對掌握文化大革命的概念基礎也深具意義。

　　黑格爾採取了希臘的倫理生活來克服法國大革命的負面性。而我認為：對中華文化精神本質的反省，乃係了解那驅

使中國人民參與此巨大運動的哲學解答的必然步驟。職是之故，在台灣大學求學期間，我埋首於中國先人古籍的研究，那是中國觀點的倫理生活之主要來源。而由於黑格爾對希臘倫理生活之重組與現代化，有助於我對「如何將古代中國與現代西方結為一體」這論題的哲學思維，因此我決定以黑格爾的社會存有論做為我在普渡大學博士論文的主題。

（劉增雄譯）

引用書籍縮寫表

E: Aristotle, *The Nicomachean Ethics*, tarns. David Ross.

P: Aristotle, *The Politics*, trans. T. A. Sinclair.

ETW: Hegel, G. W. F., *Early Theological Writings*, trans. T. M. Knox.

D: Hegel, G. W. F., *Hegel: The Difference between the Fichtean and Schellingian Systems of Philosophy*, trans. J. P. Surber.

NL: Hegel, G. W. F., *Natural Law*, trans. T. M. Knox.

SEL&FPS: Hegel, G. W. F., *System of Ethical Life (1802/3) and First Philosophy of Spirit (Part III of the System of Speculative Philosophy 1803/4)*, trans, H. S. Harris & T. M. Knox.

HHS: Hegel, G. W. F., *Hegel and the Human Spirit: A Translation of the Jena Lectures on the Philosophy of Spirit (1805/6) with Commentary*, trans. Leo Rauch.

PS: Hegel, G. W. F., *Hegel's Phenomenology of Spirit*, tarns. A. V. Miller.

HPW: Hegel, G. W. F., *Hegel's Political Writings*, trans. T. M. Knox.

PR: Hegel, G. W. F., *Hegel's Philosophy of Right*, trans, T. M.

Knox.

PWH: Hegel, G. W. F., *Lectures on the Philosophy of World History: Introduction*, trans. H. B. Nisbet.

PH: Hegel, G. W. F., *The Philosophy of History*, trans. J. Sibree.

En.: Hegel, G. W. F., *The Encyclopaedia of the Philosophy Science* (1830) (mainly part one, *the Logic*, and part three, *the Philosophy of Mind*).

HP 2: Hegel, G. W. F., *Hegel's Lectures on the History of Philosophy*, vol.2, trans. E. S. Haldane & F. H. Simson.

HP3: Hegel, G. W. F., *Hegel's Lectures on the History of Philosophy*, vol.3, trans. E. S. Haldane & F. H. Simson.

NHS: Hegel, G. W. F., *Werke in Zwanzig Bänden, (4): Nürnberger und Heidelberger Schriften* (1808-1817).

PRHB: Hegel, G. W. F., *Die Philosophie des Rechts: Die Mitschriften Wannenmann* (Heidelberg 1817/18) *und Homeyer* (Berlin 1818/19), ed. Karl-Heinz Ilting. 這兩部筆錄的內容幾乎完全一樣。我們將以 PRHB 指稱前者。

PRDH: Hegel, G. W. F., *Philosophie des Rechts: Die Vorlesung von 1819/20 in einer Nachschrift*, ed. Dieter Henrich.

VRP4: Hegel, G. W. F., *Vorlesungen über Rechtsphilosophie*, vol.4, ed. Karl-Heinz Ilting.

L: Hobbes, Thomas, *Leviathan*, ed. Michael Oakeshott.

C1: Kant, Immanuel, *The Critique of Pure Reason*, trans. N. K. Smith.

C2: Kant, Immanuel, *The Critique of Practical Reason*, trans. L. W. Beck.

MEJ: Kant, Immanuel, *The Metaphysical Elements of Justice*, trans. John Ladd.

KPW: Kant, Immanuel, *Kant's Political Writings*, trans. H. B. Nisbet, ed. Hans Reiss.

CPR: Marx, Karl, *Critique of Hegel's 'Philosophy of Right'*, trans. Annette Jolin & Joseph O'Malley.

R: Plato, *Plato's Republic*, trans. G. M. A. Grube.

OSIE1: Popper, Karl R., *The Open Society and Its Enemies*, vol.1.

OSIE2: Popper, Karl R., *The Open Society and Its Enemies*, vol.2.

SC&DOI: Rousseau, Jean-Jacques, *The Social Contract and Discourse on the Origin of Inequality*, trans. L. G. Crocker.

PA: Rousseau, Jean-Jacques, *Politics and the Arts: Letter to M. d'Alembert on the Theatre*, trans. Allan Bloom.

SM: Sartre, Jean-Paul, *Search for a Method*, trans. H. E. Barnes.

CDR: Sartre, Jean-Paul, *Critique of Dialectical Reason*, trans. Alan Sheridan-Smith.

摘　要

黑格爾的社會存有論

蔣年豐博士，普渡大學，1986 年 8 月
指導教授：威廉・麥克布萊德（William L. McBride）

　　本論文旨在研究黑格爾的社會存有論。我們將展示其內部結構，其構成方式，及指出對之作有意義地批判的途徑。我們認為，從社會存有論的角度來研究黑格爾的社會與政治哲學，是接觸黑格爾核心的最佳方式。

　　在研究黑格爾社會及政治哲學之社會存有論時，我們將集中於下列課題：1.柏拉圖的《理想國》（*Republic*）與亞里斯多德的《倫理學》（*Ethics*）及《政治學》（*Politics*）；2.霍布斯的《利維坦》（*Leviathan*）、盧梭的《論人類不平等的起源》（*Discourse on the Origin of Inequality*）與《社會契約論》（*Social Contract*），和康德的《第一批判》與《第二批判》及《公道的形而上學基礎》（*Metaphysical Elements of Justice*）；3.馬克斯的共產主義、沙特的存在主義與巴柏的實證主義政治理論。

　　我們對黑格爾社會存有論之研究因而包含了三個部份。

於第一部份中我們將集中討論契約論（主要是霍布斯、盧梭與康德的理論）與黑格爾社會存有論的形成之關係。我們將展示：黑格爾的社會存有論如何在與契約論對話的過程中形成。我們將發現黑格爾以何種方式轉化了現代自然法理論，又以何種方式通過其精神哲學建立了新的自然法來作為倫理生活法，以及以何種方式來克服社會契約論的負面性，以根絕法國大革命之絕對式恐怖。

於第二部份中我們企圖解決柏拉圖、亞里斯多德與黑格爾的倫理學間的概念性爭議。這一部份將顯示黑格爾倫理理想（ethical ideal）的根源，及其於社會存有論之層次達致這一理想的途徑。

於第三部份中我們處理兩項任務。首先，針對巴柏的批判，我們為黑格爾的倫理學作出辯護：黑格爾的哲學觀點立足於理性，而巴柏者則立足於知性。從而論證：黑格爾與巴柏間的概念性衝突，是源於不同哲學典範上的衝突。其次，我們將討論馬克斯與沙特所提出的兩種批判黑格爾社會存有論的方式。我們的結論是：黑格爾的社會存有論是建基於其對法國大革命的觀察與詮釋。這意謂，對此一巨大運動的不同的了解方式，為建立不同類型的社會存有論提供了可能的起點與基礎。

（劉增雄譯）

黑格爾的社會存有論

目　次

導　論

　　黑格爾生於西方歷史中最混亂也最巨變的時刻。許多社會與政治思想的潮流聚合一起；他當時的社會系統與政治組織經歷了徹底的變化。宗教改革摧毀了中世紀的社會且將人的心靈從歌德式教堂的統治中解放出來。啟蒙運動藉由康德（Kant）的批判哲學，達到它的最高頂點，而這依序引領出費希特（Fichte）與謝林（Schelling）的超越觀念論。幾乎同時，歌德（Goethe）與席勒（Schiller）導引著浪漫主義運動去追求希臘的美。

　　另一方面，來自英國的工業革命對黑格爾當時的德國社會保守的經濟結構造成衝擊。而不同的契約論被提出來，激勵了法國大革命的發生，帶來一個橫掃歐洲封建國家社會與政治結構的巨大運動。

　　法國大革命之後，拿破崙法典將新的自由精神灌注到歐洲社會中。於是當這位世界歷史的英雄被擊敗時，分裂的德意志城邦（German states）被兩個對立的運動所攪擾，一者要求舊封建社會的復辟，另一者則要求徹底的民主。是「我們的」黑格爾命定要詮釋這些所有社會改變的意義，並透過他的哲學洞見從他的時代的成熟條件來模鑄一個理性社會的前景。

　　然後直至十九世紀與二十世紀早期，馬克斯主義、存在主義及科學實證主義興起並挑戰黑格爾的哲學系統。結果這三個智性的運動對我們所處的現代社會發揮了顯著的影響。這讓我們強化了下面的見解：黑格爾的社會與政治哲學是讓我們理解西方社會與政治思想史的最佳立足點。透過黑格爾的觀點，我們看到西方古代性與現代性的根源。對照著黑格爾社會與政治哲學，我們對古代、現代與當代哲學家的社會與政治思想的理解，將可以大大地被釐清與擴展。

（劉增雄譯）

第一章 契約論與黑格爾

第一節 自然法與黑格爾

在本章第一節，我們要進行兩個工作。首先，我們要簡略回顧從霍布斯（Thomas Hobbes）以來契約論中自然法觀念的發展。這個回顧將提供一個背景，由此我們可以著手研究黑格爾的自然法觀念。我們試圖指出這個事實：在契約論中黑格爾自然法觀念的徹底轉換，是一個自覺的成就，也就是說，黑格爾非常清楚，他對現代自然法理論傳統的轉換，在西方社會與政治哲學的歷史中將占有怎樣的地位。

根據霍布斯，人類歷史的第一階段是自然階段，在那裡沒有人為的約定可被強制[1]。於是在自然階段，人的原始本性

---

[1] 　見 L. 100，霍布斯在其中寫道：

　　脫離了市民國家，常是人人對抗人人的戰爭。……

　　這種戰爭的不便利性，因此是隨戰爭時期而產生的後果，人人是人人的仇敵；此時期的同一個後果是，人的生活毫無其他保護，則人只有依其自身的力量，與其自身的才智，來保護自己。在此條件之下，工業無處可存，因為其成果是不確定的；結果地球上沒有栽種，沒有航海，也沒有由海洋所進口的商品；沒有寬敞的建築；沒有遷出移入的器具，這些事需要極大力氣；沒有地貌的知識；沒有時間的記載；沒有文學；沒有社會；最糟糕的

得到充分的表現。根據霍布斯的分析，自然讓人在身與心的機能上都如此平等，因此，雖然我們會發現某人有時顯然身體較為強壯，或比他人心思敏捷，但霍布斯認為，人與人之間的差別，並沒有重大到讓某人可以自己要求任何另一個人所不能要求的利益。（L 98）這個平等的自然狀態並不做為和平的基礎，反而是衝突的基礎。其程序是這樣進行的。首先，能力的平等包含了要達成所欲求之目的的可能性的平等。因此若任兩個人欲求同一物，然而他們又不能同時享有該物時，他們就變成仇敵，甚至因此他們將彼此毀滅或互相征服。於是戰爭形成，在戰爭中每一個人都覺得另一個人對他自己都是一種危險。

其次根據霍布斯，有兩個特性伴隨著自然狀態。第一個特性是，在戰爭狀態中，人的欲望與其他激情本身是無罪的。從那些激情展開的行動也沒有罪，直到人們在其中知道了禁止它們的法律。第二個特性其實與第一個相連結。它就是，在這種戰爭中無物是不義的。換言之，是與非、公道與不公道的觀念，在此毫無立身之處，就像霍布斯所說的：

> 對這種人人對抗人人的戰爭，這就是結果：無物會是不義的。是與非、公道與不公道的觀念，在此毫無立身之處。沒有共同的權力，就沒有法律；沒有法律，

是，連綿不絕的恐懼，及暴力死亡的危險；而人的生活是：孤獨、貧困、齷齪、殘暴而短壽。

就沒有不公道。暴力與詐騙，在戰爭中是兩種根本的美德。（L 101）

根據霍布斯更進一步的分析，戰爭狀態是人在自然狀態中所擁有的自然權利的必然結果。但每個人對每一物皆有權力的自然危險狀態，驅使人類理性把**尋求和平且信守和平**當做第一與根本自然律。於是隨之而來的第二自然律就是，**己之所欲，施於人**。（L 103-4）在此二者之後，第三條自然律，就是**公道**。嚴格地說，公道也是從第一自然律衍生出來的，就像霍布斯所說的，「在此自然律中，包含著**公道**的泉源與根本。」（L 113）第一自然律的目的，就是想要**自我保護**，那是自然權利的總和，從這個事實我們理解到這一點：自然法不但要抑制自然權利，而且要維護自然權利。從自然權利，到自我保護，到第三自然律——公道，這種運動在霍布斯的政治哲學中極為重要。為了要讓公道變得普遍，霍布斯說：

> 必有某種比他們從其盟約（covenant）的破壞所預期的利益更強大的強制力量，藉由某種懲罰的怖懼，迫使人公平地履行他們的盟約；且在他們放棄普遍權利的補償中，藉由人所取得的共同契約，來得到那種財產權（propriety）；而這樣的權力在國家（commonwealth）建立之前，是沒有的。（L 113）

根據霍布斯，「公道與財產權始於國家的建構」，（L 113）
這是非常清楚的。

此處我們要暫時駐足，根據霍布斯的政治哲學，來反省
國家建立的起源。起源的第一個環節是自然狀態。這是最高
權利的國土。但這種自然狀態的否定性結果，產生兩條自然
律：和平的尋求與平等原則。如今為了要實現這兩條自然
律，國家的建立就不可或缺。再者國家的建立產生了第三條
自然律，公道。而在第三條自然律之後，還有十六條律法。
因此我們可以說，自然法的起點是人類和平的尋求。而國家
實現這些自然法的目的，正在於維持和平並從而保護我們。
這是何以霍布斯會說：「這些是自然法，要求和平，以作為
人在群體中自我保存的方法；而它只與市民社會的理論有
關。」（L 122）

根據霍布斯，自然法是永恆且容易的。（L 123）而由於
他們是**理性的普遍規則**，（L 103）所以他們與我們的自然激
情相對立。（L 129）這種對立，使得自然法在霍布斯理論
中，扮演著從自然狀態轉變成市民狀態的角色。自然狀態的
否定性結果產生兩條基本律：**尋求和平以及己之所欲施於
人**，事實上在這個意義下，從自然狀態透過自然律到達公民
狀態的轉變，就顯現為一種辯證歷程。而為了要達成第三條
及後續的自然律，就產生了市民社會，因為「自然法常受良
心的約束，但事實上，只有具安全性時，才是如此。」（L
122-3）另一則同樣語調的陳述是：「沒有劍的盟約，就只是

文字而已,沒有絲毫力量可以確保人。」(L 129)這表示,即使有自然法,但若無權力的建立,我們的安全就毫無擔保。是由於這種不安全性,市民國家的建立才成為必要。

根據霍布斯,每一市民國家只有一個君王做為所有國民的代理者。這種代理的基礎在於,在市民國家的制度中,每一個人放棄他自己的權利且服從於代理者的君王。所有代理者的權利與機能都是從市民社會制度中衍生出來的。(L 134)授予代理者的權利之一,是它立法的權利。在這一點上,霍布斯說:

> 第七,規定法規的全部權力是附屬於君王權力,由此每一個人可以知道,他能享有那些財物,他能做什麼行動,而不被他的任何同胞所侵擾;而這就是所謂的**財產權**(propriety)。如先前已經展示的,因為在建立君王權力之前,所有人對所有物皆有權利;這必然導致戰爭;因此,這種財產權(對和平是必要的,且依賴於君王權力)是君王權力的行動,以便能維持公共和平。(L 138)

於是霍布斯聲稱用來軌約國民行為的「這些財產權的法規」(rules of propriety)就是「市民法」(civil laws)。

而今我們知道,在國家中被建置成市民法的所有財產權法規,都是由君王權力所命令的。根據霍布斯,由君王所建立的市民法必須保存自然法。這意謂著自然法和市民法之間

有相互的需求。換言之，為了要發展自然法的內容，我們需要用市民法來建立一個公民國家，在其中市民法是當作社會的軌約。關於此相互需求，霍布斯說：

> 自然法與市民法，彼此包含，且有相同的範圍……。
> 市民法與自然法並非異類，而只是法的不同部份；被
> 寫下的部份，稱為市民法，而其他未被寫下的部份，
> 則是自然法。（L 199-200）

無論如何，自然法與市民法之間依然有某種重要的差別。在展現它們的互相包含之後，霍布斯強調：

> 然而自然的權利，即，人的自然自由，會因市民法而
> 被縮減，受到限制；不，立法的目的無他，就只是這
> 種限制；少了它，不可能有任何和平。（L 200）

如同我們已指出的，第一自然律是既要抑制又同時要保護自然權利；市民法僅只是自然法的成文化的結果。但從上述引言，我們了解到，當市民法被建立，自然權利就進一步被縮減、被限制。於是在霍布斯理論中，自然法愈被成文化，自然權利就愈被縮減與限制。

　　先前的分析也告訴我們，第一自然律是霍布斯哲學系統的轉折點。在此點之前是自然權利的世界，而在此點之後的世界則是市民法的世界。於是除了第一自然律之外，自然權利似乎與市民法相矛盾。霍布斯說：

因為**權利**，在於做或不做的自由；而**法律**，則在於決定並約束於二者之一。因此法與權的區別，就像義務與自由的區別一樣：它們在同一事物中，是無法和諧一致的。（L 103）

這是這種矛盾的最佳描述。凡此種種都說明該自然律不僅是轉變的原則，同時也是轉折之點。它將自然權利的世界，改變並轉向市民法的世界，而那完全與前者對立。所以霍布斯的自然狀態觀念是非常否定的。它的否定性驅使它產生自然法，而從自然法又生起社會契約。這種生成的方式就是一個「辯證的進程」（dialectical progress）。[2]而我們看到自然法的實現是由於自然狀態的崩解。因此在霍布斯的理論中自然法在自然狀態中並未廣為施行。

霍布斯對黑格爾最明顯的影響是，自然狀態的價值是否定的。黑格爾接受霍布斯的觀點：自然狀態是一個暴力領域。所以黑格爾也接受霍布斯的立場：從政治制度來看，**自然性**（naturalness）完全與**人為性**（artificiality）相對立。黑格爾說：

或者倫理制度早已在家庭或國家中被建立，而自然意

2　杭亭頓・科恩斯（Huntington Cairns）嘗試在霍布斯的理論中，提供一種從自然狀態到公民國家的歷程的深入描述，雖然他並沒有使用「辯證的進程」這個用語。見其著作：*Legal Philosophy from Plato to Hegel* (Baltimore: The Johns Hopkins Press, 1949), pp.263-5.

> 志只是與它相對抗的暴力展示；或者只有一種自然狀態，一種僅存的暴力橫行的事物狀態，而與此對抗，理念（Idea）則建立了一個英雄權利（right of Heroes）。（PR 93 節註）[3]

根據黑格爾，純粹的自然（mere nature）是心靈（或精神，mind）的沉睡狀態。（PR 258 節增補）沉睡的心靈無法擁有自由意志，而那是公道的最後判準。因此黑格爾說：「我們不能見到佔有物和資源的分配不平均，便說自然界不公正，因為自然界不是自由的，所以無所謂公正不公正。」（PR 49 節註）這種觀點和霍布斯自然狀態的描述一致。由於這個事實，黑格爾同意霍布斯所抱持的在自然狀態中自然法並未直接普及的見解。另一個霍布斯與黑格爾政治理論的相同點，是他們看待自然法與市民法之間關係的觀點。就像霍布斯認為市民法是自然法的成文化，黑格爾也認為「在市民社會中，正確性原則（the principle of rightness）變成了法律。」（PR 217 節）以及「法律就是正確之物（the right），即原來是隱含地為正確的，現在被制定為法律。」（PR 217 節增補）

盧梭（Rousseau）的自然法觀點，在其《論人類不平等的起源》的序言中，有十分清楚的表述。在其中他批判了傳

3　本書中有關《法哲學原理》引文之中文翻譯，主要參考范揚與張企泰之譯本（北京：商務，1961,1996），部分章節之翻譯參考英譯本而有所更動。（譯註）。

統自然法的看法，包含古代與現代兩者。根據盧梭，傳統自然法觀點的缺點是由於他們的含糊性與彼此矛盾。於此，盧梭說：「所有最權威的作者當中，你幾乎找不到兩個人意見相同。」（SC&DOI 170）他同時說：

> 古代哲學家們更不必談了，可以想像，他們對於最基礎的問題也開始互相對立，羅馬法學家們毫無區別地讓人和其他動物歸屬於同一個**自然法**，因為對這個名詞，他們寧可視為自然加諸於她自身之上的法，而不是她所規定的法。……[他們]似乎只把[自然法]理解為所有賦有生命的存有，為了它們的共同生存，從自然所建立的普遍關係。（SC&DOI 170）（我的強調）

從此段落可知，在他的觀點中羅馬法學家們的自然法見解是，它是所有賦有生命的存有為了他們的生存而遵循的普遍原則。至於自然法的現代見解，盧梭說：

> 現代人只承認法律一詞是一規定道德存有的規則，也就是說，是針對智性的、自由的存在與其他存有有所關連時所規定的規則，當然必須把**自然法**侷限於唯一享有理性的動物，即，人之上；但是對於這個自然法的界定，每一個人都有一自己的方式，他們把自然法建基在形而上學原理之上，而這些原理非但他們自己難以發現，甚至我們當中也只有極少數人才能理

解。（SC&DOI 170）（我的強調）

所以現代哲學家自然法觀點的缺點在於他們對形而上學定位的模糊性。而且，盧梭指出了傳統自然法定義失敗的深層理由，他說：「由於人……對自然所知如此膚淺，且對法律一詞的意義如此意見分歧，他們將很難對一個完善的自然法定義達成協議」。（SC&DOI 170-1）

詳言之，傳統哲學家對自然法觀念的理解，其失敗的原因是由於他們對自然的了解太少，而現代哲學家對自然法觀念的理解，其失敗的原因則是由於他們對**法律**一詞意義的意見分歧。盧梭對自然的理解進路並不憑藉科學檢證，他對法律的理解也不是藉由所有法律理論的集合與比較。他認為要定義自然法，理解人性是我們最重要的事情。為了研究人性，盧梭認為我們需要研究自然人。雖然盧梭知道「在人的現成組織（constitution）中，要區別自然物與人工物，並非這麼容易的工作」，但他認為：

> 不難察覺到，就在這些人類組織的連續變化中，我們必定要找尋那些區別人的差異的最初根源，大家都承認，人與人之間是生而平等的，就像我們現在對某些動物所做的觀察，在形形色色的生理原因引發那些變種之前，每一類動物也都是生而平等的。（SC&DOI 168）

　　這意謂著從自然人開始的人類文明史的哲學研究是理解
自然法觀念的適切方式。因此盧梭說：「只要我們仍然未能
認識自然人的構造，我們想要決定他們採納了什麼法，或什
麼法最適合他們，那將是徒勞無功的。」（SC&DOI 171）何以
自然人最適合於自然法的研究，其理由在於，「對於這個[自
然]法，我們用任何確定性所能知道的是，若要成為一個法，
不僅僅它所強迫的那些意志必須**感知它們對它的順服**；同
時，理所當然，它必須**直接來自自然之音**。」[4]（我的強調）在
此引文中，「感知它們對它的順服」此語是非常微妙而決定
性的。根據盧梭，自然人的生命完全是由感性所推動，因為
他們確實欠缺理性與自由意志。根據盧梭，任何建立在理性
與自由意志之上的法，就是文明的法，它只會證成文明社會
的道德與文化上的不平等。於是盧梭取得一個奇異的結論，
那就是，在追蹤自然法的根源的過程中，「法」的概念經歷
了改變。

　　於是盧梭說，他從人類靈魂的最初與最簡單的先於推理
的運作中，找到了**兩條原則**：「其一讓我們深深關切我們自
己的生存與福址，另一則驅使我們不願意看到其他存有，特
別是像我們自己的存有，的受苦或死亡。」（SC&DOI 171）顯
然這兩條原則是建基在感性之上；它們直接表現了自然之

---

[4]　見 Jean-Jacques Rousseau, *The Social Contract and Discourses*, trans. G. D.
　　H. Cole (Dutton: Everyman's Library, 1949), p. 41.

音。這兩條原則的功能性結果是什麼呢？盧梭說：「我認
為，我們的心靈從這兩條原則所形成的合作與連結就可以湧
現出所有**自然權利的法規**，不必加上社會性原則。」
（SC&DOI 171）（我的強調）

　　盧梭認為市民社會的法律，即，市民法，確實是在我們
理性的認知之下所編纂成的自然權利法規。在此連結中，他
提到「[自然權利的]法規，後來理性必須把它重建在其他基
礎之上，在它的持續發展之下，終於窒息了自然本身。」
（SC&DOI 171）在此他所要表達的觀點是：

> ……我們的不幸多半是我們自己造成的，……只要追
> 隨由自然所指定給我們的簡樸、單一與孤獨的生活方
> 式，我們或能免除所有這些不幸……反思狀態是一種
> 違反自然的狀態，……沈思的人是一個墮落的動物。
> （SC&DOI 183）

因此在盧梭觀點中，我們對自然權利法規的理性成文化，標
幟了完美自然狀態的終結與我們邪惡文明的啟始。依盧梭，
自然法雖然規定了自然權利的法規，卻並未給予我們公道的
規則與財產的權利，這些是從人類耕種土地與人類使用理性
來分配土地所產生的。（SC&DOI 222-3）盧梭評論道，有自然
的不平等隱藏在人類生理條件之中。但在自然狀態中，它們
是未發展的。一旦自然的完美狀態被理性所腐蝕，這些自然
的不平等將與其他的不平等結合，從而形成了道德與文化的

不平等。（SC&DOI 223）當道德與文化的不平等在市民社會中
取得優勢，該社會的市民法就只能法律上證成所有這些不平
等。職是之故，盧梭作出了如此之評述：

> 這是，或必然是社會與法律的起源，它給予弱者新的
> 枷梏，給予富者新的權力；不可挽回地摧毀了自然的
> 自由，永遠穩固了財產權與不平等的法律；將狡詐的
> 侵佔變成一種不可撤消的權利；而為了少數野心勃勃
> 的個人的利益，讓其他人類受到永無休止的勞苦、奴
> 役與貧困的支配。（SC&DOI 228）

準此，盧梭的見解是：自然法無法挽回自然狀態朝向市
民狀態的惡化運動。這是其《論人類不平等的起源》的悲觀
論調。盧梭的《社會契約論》則是一個重構理想社會的政治
進路。在他的理想社會中，一個「新的自然法」將被重新引
入來維繫人類的文明生活，這是可以理解的。當馬斯特（R.
D. Master）說「由於自然法的重要性，盧梭被迫把德行建立
在一個更強的基礎之上，即政治的社會之上」[5]時，在這裡
「自然法」一詞是指涉自然狀態的自然法。「新自然法」的
浮現，應建基在政治組織中普遍意志（general will）的形成
之上。

5　見其著作，*The Political Philosophy of Rousseau* (Princeton: Princeton University Press, 1968), p.35.

在盧梭哲學中普遍意志的形成超越了個體意志，這是一個哥白尼式的逆轉，在此之後所有市民社會的特徵都展現出全新的形式。透過社會契約，社會的基本改變是：「並沒有摧毀自然的平等，相反地，基本契約用一種道德與法律的平等來替代自然加諸於人之上的生理不平等，因此，雖然氣力或智力不平等，他們全都因為約定與合法權利，而變成平等。」（SC&DOI 26）其在本段背後的觀念是：應該用透過社會契約所構造的社會，來取代不保證能防止墮落的完美自然狀態。關於此點，盧梭說：

> 藉由在人的行為中公道替代了本能，而且也藉由給人的行為一個他們先前所欠缺的道德特質，從自然狀態到市民狀態的進程，在人身上產生了一個最值得注意的改變。只有當責任的呼聲接替生理的衝動，而法律接替嗜欲，迄今為止只關懷一己的人類才了解，他不得不遵照其他的原則來行事，在傾聽他的偏好之前不得不就教於理性。在此狀態中，雖然他被剝奪了從自然得到的許多便利，但他反而取得了同樣大的利益。
> （SC&DOI 22）

透過社會契約所產生的市民社會，依然需要一個法律系統來維持社會公道。而此法律系統的基礎，以建立在普遍意志之上的「新自然法」為根據。職是之故，盧梭說：「從[普遍意志]這個觀念所產生的最大便利，就是向我們展現了公道

與自然法的真正基礎。」[6]由於它是由普遍意志所決定，所以
這個新的自然法是十分堅固的。它與自然狀態的自然法不
同，這因為自然狀態的自然法乃係建基在感情之上，所以它
是非常不堅固和模糊的，且常常被我們自私的愛所窒死。

　　讓我們重新考察盧梭從《論人類不平等的起源》到《社
會契約論》之轉變的問題。在《論人類不平等的起源》中盧
梭想要處理的問題是：**什麼是人間不平等的起源？以及它是
否來自自然法的授權？**這個觀察植根於以下的事實：自然狀
態的自然法無法制止自然狀態朝向市民社會之悲慘狀態的過
渡。以下我們看到盧梭對市民生活的最後結果的描述：

> 我假定人類曾達到一種境地，在那個境地上自然狀態
> 中危及他們生存的那些障礙，用它們的反抗，打敗了
> 在那種狀態中每個個體都盡全力來保衛他自己的力
> 量。於是這種原始狀態就不能再繼續維持，除非人類
> 改變其生存模式，否則人種將滅絕。（SC&DOI 17）

這是他《社會契約論》的開頭，它連結於《論人類不平等的
起源》的結尾。社會契約論的出現是要確立人的需求來改變
他的存在模式。這種改變並不是要回復到自然的原始狀態。

6　席格蒙（P. E. Sigmund）從盧梭的《日內瓦手稿》〈第二部第四章〉
　　（*Geneva Manuscript*, Book II, Chapter IV）引述並翻譯了這句話。見
　　其著作，*Natural Law in Political Thought* (New York: University Press of
　　America, 1971), p.137.

這是說盧梭並不想要回到失樂園。相反地，他催促我們去決定我們打算生活其中的市民社會的政治制度。因此之故盧梭社會契約論的新使命是：

> 「要找出一種結合的形式，它可以用社群的全部力量來抵禦並保護每一個結合者的人身與財產，且藉由這個結合，與全體相聯結的每個個人，仍然可以只服從於他自己，且仍然像以前一樣自由。」這是社會契約論所要解決的根本問題。（SC&DOI 17-8）

如同我們所論證的，在建立社會契約的過程中，普遍意志產生了。又從這個普遍意志中，形成了一個「新的自然法」。於是這個第一律法就當做新社會系統與政治制度的基礎。從此處我們可以說，某個意義上盧梭社會與政治哲學的主要任務是重鑄自然法，把它從自然之法轉換成人為之法。如我們所述，從自然狀態轉變成市民社會，霍布斯的自然法扮演要角。現在於盧梭哲學中，自然法的理性化成為重建市民社會的首要任務。

黑格爾稱讚盧梭把普遍意志視為社會系統與政治制度的基礎。他說：「盧梭的優點是，藉著提出意志作為國家的原則，他提出了一個形式與內容均有思想的原則。此原則是思維本身，而非像群聚本能或神聖權威之原則，這些僅僅具有思想作為其形式而已。」儘管他又補充道：盧梭只把意志看成是一種決定的形式，即個體的意志，也就是說，盧梭「所

理解的普遍意志也不是意志中絕對合乎理性的要素，而只是『共同的』意志，即從作為自覺意志的這種個體意志中產生出來的。」（PR 258 節註）無論如何，盧梭之視意志為社會體系與政治制度的基礎，對黑格爾的社會與政治哲學發揮相當大的影響。

　　盧梭也影響了黑格爾形構新的自然法來確保社會存有的自由，簡言之，自然法必定是自由法（the law of freedom）──這是黑格爾社會與政治哲學的一個主題。「自然需要本身及其直接滿足只是一種精神陷溺於自然之狀態，從而是粗野的和不自由的狀態，至於自由則僅存在於精神對自身的反思中，存在於精神同自然的差別中。」（PR 194 節註）黑格爾的這段話，其實是盧梭所謂「我們必須清楚區別只受限於個體力量的自然自由與受限於普遍意志的市民自由」的最佳註腳。的確，黑格爾將會贊同盧梭的下列見解：只有在市民狀態中，「道德的自由」才有可能，「唯有道德自由才能使人類成為自己真正的主人；因為純粹嗜欲的衝動是奴隸的，而服從自我規定的法律，才是自由的。」（SC&DOI 23）

　　在契約論的傳統中，康德首先注意到個體的自由意志的理性面相可作為建造社會系統和政治體制的出發點。在康德的理論中，自然狀態是意欲（或個殊意志，Willkür）的狀態，而市民狀態是意志（或共同意志，Wille）的狀態[7]。意欲

---

[7]　蔣教授在〈康德與羅爾斯：公道感與現代社會〉一文中將康德的

是與個體的自由選擇有關，而意志則是與由不同的個別意欲
所確認的公共立法有關。康德追隨盧梭主張從意欲到意志是
一個契約性的過程。可以確定的是，在社會系統和政治體制
的領域上，康德受到盧梭的影響，從而把意志區分為兩種。
一方面，康德的意欲等同於盧梭的個別意志，而其意志則等
同於盧梭的普遍意志。對於康德來說，意欲是私有財產和家
庭的主體（agent），而意志則是市民社會的基礎。

關於自然法之觀念的合理性問題，康德也與霍布斯和盧
梭保持一致。康德把法律區分為私法和公法。前者施行於自
然狀態，所以也被稱為自然法；後者施行於市民社會，所以
也被稱為市民法或者實定法（positive law）。在這些論點
上，康德是忠於契約論的傳統。然而，當康德說「自然狀態
並非與社會狀態相反對且對照，而是與市民社會相反對且對
照，因為在一個自然狀態中確實仍可以存在一個社會，但是
卻不可能存在一個市民社會（它可以藉由公法來保障財
產）」（MEJ 48）時，他已經將契約論對自然的理想化更加推
進一步。從康德自身的哲學體系看來，我們無法想像純粹自
然狀態的存在（這在霍布斯及盧梭的系統中都可以）。我們
也可看到：自然法與市民法一起都被康德稱為「自然之法」
（MEJ 48）。而自然之法依康德的分析就是「理性之法」

Willkür 譯成「個殊意志」，而把 Wille 譯為「共同意志」。見其《文
本與實踐》（二）（台北：桂冠，2000），37 頁。譯成「意欲」與
「意志」是陳榮灼教授的建議。（譯註）

（law of nature），因為它包含了關於權利的全部命題。
（MEJ 57）這即是說，它涵蓋了權利的全部結構（包含財產
權、家庭生活權、政治生活權）。這一點顯示出：康德比霍
布斯和盧梭更接近黑格爾，因為在黑格爾的《法哲學原理》
中（如同在康德的理論中），法律是權利的結構。可確定的
是：依黑格爾，法律決定了抽象權利、家庭、市民社會、和
國家的體制。因而他說：

> 法（權利）和倫理以及法和倫理的現實世界是通過思
> 想而被領會的，它們通過思想才取得合理性的形式，
> 即取得普遍性和規定性，這一形式就是法律。（PR 序
> 言 7）

就黑格爾的觀念論式自然法理論的出現而論，康德在契約論
傳統中的成就存在於他將更多的合理性加諸於自然之法以及
自然狀態之上。康德遂為黑格爾鋪了路，讓他對現代的自然
法理論進一步發展和徹底的轉換。在康德之後，當黑格爾使
用「自然法」一詞時，他已不必考慮梭的自然狀態的自然
法。而且，正由於康德已經把合理性歸給自然狀態，黑格爾
並不需要處理霍布斯和盧梭所主張的原初的自然狀態。康德
義的自然狀態是一個抽象權利的社會，所以黑格爾能夠先聲
奪人地從抽象權利的論題出發談論他的權利理論，而不再需
要用到令人混淆的自然狀態的名詞。基於此等認知，我們可
以瞭解何以黑格爾早在 1817-8 便說：

> 只要人類之意志是在自然之需求與驅使的範圍內受人
> 類之自然（本性）所規定，法（權利，Rechts）的範
> 圍就不是自然的領域，而且不僅不是外在自然的領
> 域，也不是人類主觀自然（本性）的領域。法的範圍
> 乃是精神的、特別是自由的範圍。當自由的理念外化
> 出去而成為現實，那麼自然也就跨入了自由的領域
> 裏；但自由仍然是根基，而自然只是作為一依附者而
> 跨進來。（PRHB 2 節）

黑格爾接著說：「自然法之名應得放棄，並代替以『哲學的
法權學說』之稱呼，或者亦可如其所顯示的，代之以『客觀
精神的學說』。」（PRHB 2 節註）黑格爾在《法哲學原理》中
依然維持這個立場，他說：

> 一般說來權利的基礎是心靈；它的確定的地位和出發
> 點是意志。意志是自由的，所以自由既是權利的實體
> 也是其目標，而權利的系統不外是落實的自由的領域，
> 是心靈的世界以第二自然的身份而出現。（PR 4 節）

所有這些段落告訴我們：黑格爾已經完全克服了契約論中的
自然性所帶來的包袱。

　　如上所顯示，黑格爾在克服自然性的負擔上並非由他單
獨的力量所完成。霍布斯、盧梭、和康德的哲學理論都為其
集大成的成果鋪了路。事實上，黑格爾非常清楚自己對於現

代自然法理論所做的概念性的轉換在整個西方社會及政治思想史中的地位。曼佛烈德・李德爾（Manfred Riedel）相當正確地指出：「於霍布斯，『自然法』這一傳統語詞出現了一『歧義』，這對於黑格爾而言是極為重要的。」[8]在其《哲學史講演錄》中，當談到霍布斯時，黑格爾說：「『自然』一詞有雙重的意指：首先，人的自然（本性）意指他的精神的、理性的存有；但是他的自然狀態顯示了另外一種狀態，在其中人純粹依其自然的衝動而行。」（HP3 318）按照黑格爾的解釋，霍布斯的成就在於使用人類精神的合理性來克服自然性，這可以從下面的句子中看出來：「人必須從自然狀態走出來」，而且「自然狀態不是人類該停留的狀態，所以必須加以拋棄。」（HP3 318）

　　依據李德爾的解釋，這個由霍布斯所開啟的歧義性在盧梭中被尖銳化，因為他把前者與傳統自然法理論的分歧加深。盧梭確實探究了權威的終極證成的問題。對他而言，終極的安立原則既非實定法也非霍布斯的基本的自然法，而乃係自由。[9]對黑格爾而言，盧梭的下列原則是正確的：人是自

---

[8]　見其 *Between Tradition and Revolution: The Hegelian Transformation of Political Philosophy* (Cambridge: Cambridge University Press, 1984), 61頁。霍布斯事實上把亞里斯多德和多瑪斯的自然法（他們兩人的觀點是要實現所謂的「目的因」）轉變成兩個相對立的法律：一個是建立在人類理性之上，一個是遍存於外在的自然，作為其機械的規則。我們或許可以說：霍布斯對於自然法的傳統建立了一個新的典範。

[9]　前揭書，61頁。

由的，而且由建基於普遍意志上之社會契約所建立的國家乃係自由的實現。但是黑格爾認為：盧梭的理論仍然會包含兩種歧義性。首先，盧梭並不知道「自然的自由，自由的禮物，並非任何真實的東西；理由是：國家是自由的第一個實現。」（HP3 402）其次，盧梭並不知道：

> 自由只是思想本身；把思想棄置一旁而談論自由的人是莫知自己所云的。思想與它自身的合一就是自由，是自由的意志。（HP3 402）

依李德爾的解釋，康德終於把在盧梭的自然法概念中殘留的「歧義性」劃上句號，他在自然的物理法則以及自由的理性法則之間做了徹底的區分。[10]黑格爾是與康德站在相同立場的，他把自由的理性法則的根源歸諸於意志，並且採用這個自由的理性法則來顯示權利或法（Rechts）的內容。他說：

> 自然法具有法的理性規定，以及以它（法）的這個理念之實現作為其對象。自然法的來源是一種思想，這種思想掌握了在自由的自我規定裏的意志。此來源是自然法之神性的、永恆的源泉。（PRHB 1 節）

但是，黑格爾與康德的不同處在於前者的自然法與自然狀態沒有概念上的關連。事實上，只在黑格爾身上，契約論的自

10　前揭書，63 頁。

然狀態的自然性才被完全地排除，而契約論的自然法的合理性與精神性也只在黑格爾才完全地被發展出來。基本上黑格爾並不需要採用自然法來把自然狀態轉變成市民狀態；他也不需要把自然狀態中的自然法轉變成市民狀態中的自然法，更遑論要把自然狀態的觀念吸收到自然法的脈絡中作為一個必要的部分。這清楚顯示：自然狀態的觀念是直到黑格爾的理論中才完全被拋棄的。只有在黑格爾的理論中，自然狀態不再是我們要趨近自然法的出發點。自然法在黑格爾的理論中確實指涉著符應於自由意志的理性法則的權利或法的純粹實現（mere realization），而不需要碰觸到虛構性的自然狀態的存在。

從上述的檢視，我們看到黑格爾不僅是在做原創的哲學，也對發展中的哲學史作出了貢獻──他採用了自由意志的理念作為實現於社會與政治結構中的理性法則的存有論起源。霍布斯、盧梭、和康德對於傳統的自然法的轉換是非自覺的努力，亦即，他們並不知道他們在西方社會及政治哲學史中的地位。只有黑格爾是例外。我們應當說，現代自然法理論包含了克服自然性之包袱的種子。而黑格爾的自覺性成就正在於一方面他把這個理論的最充分可能的發展結果實現出來；另一方面，經由這個成就，黑格爾也讓在他之後的任何想對此理論進一步發展的企圖變得沒有必要。

（劉增雄、張展源、林維杰譯）

第二節　倫理生活法

在本節我們將以黑格爾從早期到晚期的社會與政治哲學發展作為背景，來探討倫理生活法（the law of ethical life）的問題。我們的注意力將集中在黑格爾理論中的自然法與倫理生活的關係上。我們意圖指出黑格爾從絕對精神發展出客觀精神的迂曲過程。黑格爾分別通過絕對精神與客觀精神的結構來克服契約論，我們也將指出這兩種方式間的差異。

在契約論傳統中，盧梭是第一位留意到風俗、習俗與意見在政治脈絡中的重要性的哲學家。盧梭說：「我只知道有三種構成，由此人的道德（風俗）可以被影響：法律的力量、意見的最高主權以及歡樂的吸引。」（PA 22）在此三者中，法律的力量是最微弱的，因它只影響人們的行動，但並不觸及他們的意志。[11]歡樂則是一個不明確且散漫的動機。只有意見方能引導人們的目標。依照盧梭的看法，意見決定人們對歡樂的選擇。意見也管理著我們的社會行為。在《社會契約論》中盧梭說道：

> 在這三種法律〔政治法、市民法、刑法〕之外，還應加上第四種法律，這所有法律中最重要的一種。它既不銘刻在石頭上，也不銘刻在青銅上，而是銘刻在公

---

[11]　見 J. N. Shklar, *Men & Citizen: A Study of Rousseau's Social Theory* (Cambridge: Cambridge University Press, 1969), p.75.

民們的心裏；它是創造國家的真正構成，每天都在獲得新的力量，當其它法律過時或失效時，它可使他們復活或取而代之，使一個民族保持其創立制度的精神，而不知不覺地用習慣的力量替代權威的力量。我說的就是風俗、習俗、尤其是意見——這是一個我們政治家們所未知的領域，但卻是所有其他成就所依賴的領域；這是一個偉大立法者私下致力的領域，但當他想要把將自己限定在個別的規約時，這些規約只不過是蒼穹的拱樑，這是風俗緩慢的發展，最後才形成不可撼動的拱心石。（SC&DOI 58）

的確，人們的品行與嗜好依賴於他們的習俗。一國的習俗是它的一切；它們是某一類人之所以產生的原因。使人能成就最可能的生活，能成為最好的公民，這種成果就是政治家的目標。因此政治家的真正藝術在於能判斷他的國家生活方式，且能知道怎樣的制度才能維護它，怎樣的制度會毀壞它。布隆姆（Allan Bloom）詮說道：「這是一項優雅的事業，且需要對一個國家的特殊習俗及它們和整個生活方式相關的特別知識。」（PA 導論，29 頁）這也是何以盧梭在《社會契約論》第七章中強調監察官制（censorship）重要性的原因，他說：

就像普遍意志的宣告要由法律來行使，公共輿論的宣告則是由監察官制來行使。公共輿論就是一種法律，

> 監察官就是其執行者，在君主習慣中，他只把輿論應用於具體的情況。

> 監察官藉由下述方法來支持道德性：阻止輿論腐化；透過明智的應用來維持輿論的秉正；有時輿論尚未確定，就需要加以導正。（SC&DOI 134-5）

為什麼盧梭要強調監察官的必要性來維持公共輿論的健全？究極而論，其理由是建立在他的古代倫理理想之上。布隆姆指出：盧梭的《論戲劇——給阿潤伯先生的信》（*Letter to M. d'Alembert on the Theatre*）是「柏拉圖《理想國》第十章的一個改寫。」（PA 導論，21 頁）。對盧梭而言，的確只有毫無妥協地返回古代的原理，其理性主義乃至其政治學，人才能超越其自利的滿足，冀求一種尊嚴。（PA 導論，34 頁）

與盧梭相似，黑格爾也強調公共輿論和古代倫理理想的重要性。不過他們兩者之間有一差異：與盧梭不同，黑格爾並不將公共輿論與古代倫理理想連結在一起。黑格爾知道：「公共輿論不僅是共同生活的真實需求與正確傾向的寶庫，在常識（即，偽裝成偏見的所有普遍基礎倫理原則）的形式中，它也是公道的外在實體性原則、立法、整個憲法制度、以及普遍境域的真正內容與結果。」（PR 317 節）在 1805/06 的《耶拿講稿》中，黑格爾甚至說：「精神的聯結就是公共輿論；這是真正的立法主體，〔真正的〕國家議會。」（HHS 159）但是黑格爾最後警告說：

個體形式上的主體自由，在於他們對國家的事務具有他們自己的個人判斷、意見與建議，也能表達他們自己的個人判斷、意見與建議。這種自由，集體地表現為我們所稱的「公共輿論」，在其中，絕對普遍的、實體的和真實的東西，跟它們的對立物——大多數人之特殊性和私人性的意見——相連結。就其存在來看，公共輿論因此是一個自我矛盾的身分，知識如同現象，本質的只直接呈現為非本質的。（PR 316 節）

因此之故，公共輿論既值得尊敬又遭到輕視。在黑格爾理論中，它失去了盧梭所賦予它的絕對權威性。

但是比起盧梭，黑格爾對古代倫理的迷戀更令人印象深刻。實際上，黑格爾對此理想有著更明確更清楚的圖像。即使在早期階段，他便已對希臘的倫理生活具有非常清楚的觀念。他採納古希臘的民俗宗教來克服基督教的缺點。從他的觀點來看，在滿足我們倫理生活的需求方面，前者能比後者提供更多。再者，在表達自然法與倫理生活之間的關係方面，黑格爾比盧梭更加清楚。盧梭的確暗示著所有風俗、習慣以及輿論加起來就是一個「法」，但是他並沒有弄清楚此法乃是建立在普遍意志之上的「新自然法」的擴充。盧梭對作為一個「法」的風俗、習慣與輿論之描述，可能源於他見到這三件事物在規約人類生活型態中具有一個合法的功能。因此事實在於盧梭實際上盲目於自然法與倫理生活之間的親

密關係，也就是說，他不知道如何使用自然法的概念來合法化倫理生活的合理性。盧梭無疑很清楚：公共輿論的道德超乎市民法與人類理性的控制。因此若他知道倫理生活法的存在，則它只會被當做維持公共輿論道德中的檢查制度而保留下來。

黑格爾則不同。1801 年之後，在他發展古代倫理生活的理想的過程中，「自然法」的概念總是伴隨在其中。事實上，自然法與倫理生活之間的概念連結，是一個非常好的視角，好讓我們看見黑格爾社會與政治哲學的發展。在 1801 到 1803 年間，黑格爾的主要哲學課題是要把自然法建造成「倫理生活法」。我們可以說黑格爾嘗試通過將契約論的自然法轉化成倫理生活法，來克服現代契約論。黑格爾說：「自然法直接影響著倫理性的事情，那是人類所有事物的動力……」（NL 58），以及「自然法是要去建構：倫理本性如何取得它的真正權利」（NL 113）。依黑格爾，倫理生活的精神是絕對者（the Absolute）之自由及其無限性的實現。換言之，絕對者的具體表現，就是完滿的倫理生活。現在黑格爾指出：這種理想必須要在一個民族的生活之中實現。此即黑格爾這麼說的原因：「絕對的倫理整體性不外乎就是**民族。**」（NL 92）及「它（倫理生活）是民族的一種普遍性與純粹精神。」（NL 113）

依照黑格爾的看法，只有當絕對者能統一與消解所有由有限抽象化所導致的獨立的對立時，它才是自由的。簡言

之，「它超越所有的對立性與外在性。」（NL 90）當倫理生活之精神就是絕對者時，隨之而來的是，在倫理生活中對立應當被統一與調和。這也是為何在倫理組織的主體面有所謂的「物理之需要與享受的感覺」，而在它的客體面有所謂的「工作與擁有」。而且「在這兩者之上的第三者，是絕對者或倫理的事務。」（NL 99）所有這些觀點是建立在黑格爾的根本原則之上：「單一領域既不能被固定，一般生存領域也不能被固定，由此事實，倫理生活的絕對與清楚的統一，是既絕對又生氣勃勃的。」（NL 122）正如我們所看到的，絕對的同一性與無限性是用來解釋對立與有限現象最根本的概念，在這個意義上，這段時期黑格爾仍然迷戀謝林與史賓諾莎的形上學。[12]

　　黑格爾認為，在康德與費希特哲學理論中，道德與合法性（legality）仍然是一組無法調和的對立。而今扮演著倫理

---

[12]　在黑格爾此時期著作中，很難區分謝林的絕對精神同一性與史賓諾莎的實體，這並非是因於黑格爾的混淆。其實謝林也意識到他自己與史賓諾莎的相近性。在黑格爾《費希特與謝林哲學系統的差異》（以下簡作《差異》——譯註）(*The Difference between Fichte's and Schelling's System of Philosophy*)的英譯本中，譯者 H. S. Harris 在導言第 6 頁指出，謝林自己說：「在闡述方面，我將史賓諾莎視為我的模範。」（*Werke* IV, 113）關於青年黑格爾同時受謝林和史賓諾莎形上學思想的影響的其他資訊，見伊爾丁（K.-H. Ilting）的論文：*Hegels Auseinandersetzung mit der Aristotelischen Politik* (*Philosophisches Jahrbuch*, LXXI, 1963-4), pp.38-58; 及曼弗列德・李德爾（Manfred Riedel）的論文：*Hegels Kritik des Naturrechts* (*Hegel-Studien*, Band 4, 1976), pp.177-204。

生活法的角色，自然法被黑格爾拿來完成這個調和的工作。
至於道德與自然法之間的關係，黑格爾如此說：

> 從此絕對倫理生活本性的觀念，引發一種仍待討論的
> 關係；個體的倫理生活和真實的絕對倫理生活的關
> 係，及與此有關之學科（即道德與自然法）之間的關
> 係。因為真正的絕對倫理生活（它本身是和諧統一
> 的）包含了無限性（或絕對的概念），以及直截了當
> 的且在其最高的抽象中的純粹個體性，它直接就是個
> 體的倫理生活。反過來看，個體的倫理生活也就是**這
> 個**真實且普遍的絕對倫理生活：個體倫理生活是整個
> 系統的一個脈動，且它自身就是整個系統。（NL 112）

十分清楚，倫理生活在個體中的表現就是道德。在發展進入
個體倫理生活的過程間，永恆實在的（eternally positive）民
族絕對倫理生活業已經歷了「否定」。（NL 115）因此我們可
以說，道德產生於絕對倫理生活的自我否定。我們也可以
說，道德是絕對倫理生活的「有機身體」的一個「器官」。
（NL 115）

　　至於實定法與自然法之間的關係，黑格爾的立場是：科
學研究實定法，而哲學則研究自然法。（NL 117-8）他也主
張，實定法是建立在人類生活的外在強制之上，而自然法則
是建立在人類生活的內在自由之上。（NL 121）前者乃是後者
抽象化的結果。所以合法性也是絕對倫理生活的有機身體的

一個器官。但是在黑格爾的見解中，此器官是非常有力的，它是如此有力，以致於它有強大的力量及活力來控制其他器官，並使它們追隨它的領導。這個器官的隱喻，可以描述如下事實：「這是可能發生的：在倫理生活的一般系統中，涉及占有和財產權的市民法的原則與系統，變得完全專注於自身，並且在它迷失於其中的擴散狀態中將自己看作是一個內在、絕對與不受限制的整體。」（NL 123）現在我們可以發現，黑格爾將道德與合法性看作是相對且有限的；它們僅僅是既絕對又無限的倫理生活法的各個環節。在黑格爾的觀點中，人類精神不能滿足於道德與合法性的有限性之中。在道德與合法性之上，應該有一個倫理生活的領域，以滿足人類精神的無限性。

　　先前對青年黑格爾的「自然法」概念的分析，是建立在他的《自然法》之上。與此同時，黑格爾寫了另外一部著作，即《倫理生活體系》。在其中，倫理生活被區分為自然的倫理生活與精神的倫理生活。後者依次有兩類：一類是靜止而相對的倫理生活；另一類則是運動而絕對的倫理生活。靜止的倫理生活和《自然法》中的個體倫理生活一樣，兩者皆指涉道德領域。如同《自然法》，在《倫理生活體系》中，相對的道德需要涵泳在絕對倫理生活中。黑格爾說：「道德的主題完全包含在自然法之中，德性也在絕對倫理秩序中呈現，但只在其短暫性中呈現。」（SEL & FPS 147）這也是《倫理生活體系》一書中，黑格爾唯一提到「自然法」一

詞的地方。但是從這裡我們可以了解，在該書中自然法依然是倫理生活法，這是他《自然法》中的論點。相對的倫理生活指涉合法性的領域。就像個體倫理生活要考慮個體，相對的倫理生活也是如此。黑格爾因此說：「相對的倫理生活的整體性是單一個體的經驗存在，而該存在的主張被留存下來，在自己與他者之上發展。」（SEL & FPS 149）唯一的差別是，在《倫理生活體系》中合法性擁有比在《自然法》中更多的獨立性。但基本上，這兩部著作都一樣，都將絕對倫理生活視為「活生生的整體」，這個「活生生的整體」要在民族的生活中實現，而且在其中任何相對而有限的事物都被克服。因此，黑格爾說：

> ……絕對倫理生活……並非所有德性的總和，而是所有德性的冷漠。它並不對國家、民族與法律呈顯為愛，而是在個人的國家中且為了民族，而呈顯為絕對的生活。（SEL & FFS 147）

在《倫理生活體系》之後，黑格爾所寫的其中一部著作是《精神哲學 I》，那是 1803/4 年思辨哲學體系的第三部分。（此體系也被稱為「1803/4 年《耶拿講稿》」）。這部著作也與先前兩部著作有著相同的聲調，主張在一個社會與政治脈絡中，精神的絕對實體必須在民族的絕對倫理生活中基於如下的意義才能被實現：精神所有單一的表達在民族絕對精神的「以太」中被取消。（SEL & FPS 242）黑格爾因此

說：「民族的倫理工作是普遍精神的活生生的表現；它[普遍精神]，作為精神，是民族的理想的結合，作為勞動，它是他們的中介。[人]的循環把自身與作為僵死之[事物]的勞動區分，並設定自身是單一的行動者，但是又把勞動設定為普遍的勞動，於是即刻又再次地在勞動中取消自身，讓自己成為僅僅是一個被取代的活動，一個被取消的單一性。」（SEL & FPS 243）但在這本著作中黑格爾並沒有提到「自然法」一詞。理由可能在於《精神哲學 I》是一部未完成的著作。無論如何，當我們看到黑格爾說：「作為絕對的倫理精神，它〔民族的生活〕本質上就如同無限的否定；如同自然的替代，**在其中它只成為一個他者，它把自然設定成它自己，並絕對地享受它自己，因為就像它已將自然帶回到自己身上。**」（SEL & FPS 243）時，我們發現黑格爾先前將契約論的自然法轉化成倫理生活法的立場並未改變。我們看到在契約論中的自然法的自然性，已被民族的絕對倫理精神的精神性所替代。確實，《精神哲學 I》是青年黑格爾努力克服傳統契約論的最高成就。已是在這部著作中，黑格爾有把握地相信他已經解決了所有由契約論所帶來的概念困難。在將民族的倫理生活描寫成絕對的實體之地方，黑格爾附加了一條眉批：「沒有組成成分，就沒有（社會）契約，就沒有沉默或被陳述的原始契約；〔意思就是〕個別的（人）放棄他的自由部分，更確切地說〔他放棄了〕它的全部，他的個別自由只是他的頑固，他的死亡。」（SEL & FPS 242）

甚至在抵達耶拿之前，黑格爾對於道德的限制已有十分成熟的想法。在《基督教的精神及其命運》中，黑格爾把愛看做所有德性的統一整體。他說：

> 德性的活生生的連結、活生生的統一，與概念的統一十分不同；它並不替特定的環境建立一個特定的德性，而是甚至在最最多變的關係混合中，也像是未撕裂而統一的。……就像德性是法律服從的補充，所以愛也是德性的補充。藉此，所有片面性、所有排他性、所有受限制的德性，都被取消。不再有任何德性的罪或犯罪的德性，因為它是人在其本質存有中活生生的互相關聯。（ETW 246）

所以在取消「道德領域的障礙」中，愛是倫理生活的早期版本。且根據黑格爾，精神之愛的具體實現，是落在「上帝王國」之中，它是人的活生生的和諧。（ETW 277）透過這種比較，我們可以取得這個結論：民族的倫理的生活似乎是上帝王國的世俗化。上帝王國與民族的倫理生活二者，全都是絕對精神在其中實現的有機體。事實上，在《倫理生活體系》中，黑格爾將民族的倫理生活描述成「民族的上帝」。（SEL & FPS 144）在此種描述之後的觀念是，以黑格爾觀點來看，在此時期，上帝正代表著絕對精神。直到 1803/4 年，黑格爾所關切的僅僅是絕對精神的結構。即使到達耶拿之後，他處理了許多關於社會系統與政治制度的問題，但他自我定位的脈

絡，總是絕對精神。這個分析也讓我們了解：在《自然法》、《倫理生活體系》與《精神哲學 I》中，作為倫理生活法，自然法僅只是民族倫理生活的習慣，也就是說，僅只是在民族生活中被實現的絕對精神的特殊表述。

只是在 1805/6 年的《耶拿講稿》中，上述的處境才改變。從此時開始，黑格爾看到了現代契約論的積極價值。我們因此了解，在這部著作中，黑格爾不僅如他先前的作為採取古代的倫理理想來克服契約論傳統，他同時也採取由契約論所產生的觀念來修正古代的倫理理想。當李德爾說「在耶拿時期的結尾中，當黑格爾也從自然法理論觀點批評古典政治學時，那麼（之前）從古典政治觀點來批評現代自然法理論者也經歷了一個轉變。」[13]，他是對的。我們可以發現在此時期黑格爾十分強調個體性原則。環繞著這個有意義的轉變，我們也發現謝林的方法與術語的含意完全消失了；而今黑格爾所使用的範疇不再是「積極的」與「消極的」、「倫理自然」與它的法，「直覺」與「概念」等等的對立；而是「智性」與「意志」，而其根源乃是「自我」（self）。[14]的確，在《倫理生活體系》中，黑格爾的存有論模式是要描述我們的精神如何超越其自然狀態，而最後在意識中發現自己，以便能在民族倫理生活之絕對實體中獲得絕對的同一性

---

[13]　見其著作，《傳統與革命之間》（ *Between Tradition and Revolution* ），p. 96.

[14]　前揭書，p.91.

（SEL & FPS 142-3）；在《精神哲學 I》中，黑格爾的存有論模式則是要描述我們的有機自我意識如何發展，並且揭露精神的結構，其最完美的成就，即，精神的絕對同一性，依存於民族倫理生活的絕對實體之上。在這兩個階段之後，黑格爾更往前進步。而後對比於《精神哲學 I》中的「精神的概念⋯⋯是意識」（SEL & FPS 206），在 1805/6 年的《耶拿講稿》中精神的概念則是智性與意志。特別是意志彰顯了精神的實際內容。而今民族所要實現的不再是精神的絕對同一性，而是由不同的個別意志所組成的普遍意志。黑格爾說：

> 它〔普遍之物或共相〕是一個民族，一個普遍個體的團體，一個實存的整體，普遍的力。它的不可踰越的力量高踞個體之上，是他的必然對立與壓制他的力量。而這種每個人在其被承認的狀態中都有的力量，就是一個民族的力量。但是，此力量只有在它與一個統一體相結合時，只有作為意志時，才具有效力。普遍意志（der allgemeine Wille）就是全體與每一個人的意志，但是作為意志，他就僅僅只是這個大我（Self）而已。普遍物的活動是一個統一體（ein Eins）。普遍意志必須把自己聚集到此統一體之中。它首先要從每個個體的意志中把自己建構成一個普遍意志，以便於這個普遍意志呈現為原則與要素。但是另一方面，普遍意志是原初而本質的——而個體必須

> 讓自己透過其自有意志的否定，在外在化與教化之中，讓自己進入普遍意志。普遍意志先於他們，它是絕對地為他們存在在**那裡**——他們〔這兩種意志〕絕不是直接地同一。（HHS 153）

十分清楚黑格爾此時業已接受契約論來建立他的社會與政治哲學。下述引文可以進一步證實此點：

> 人可以自己想像普遍意志通過如下方式構成：所有公民聚在一起，他們深思熟慮，作出他們的選擇；因而大多數（majority）構成了普遍意志。因此我們認定之前所說過的話為真：個體必須經由否定、自我放棄，讓自己進入這裡〔即，一個在普遍意志中的夥伴〕。共同體（Gemeinwesen），國家聯盟（Staatsverein），〔因此被看做〕依賴於原初的契約，對此契約，每個個體都假定交出他的默許的同意——然而實際上是以明白的語辭說出——這決定團體的每一個後續行動。而這就是真實國家的原則，自由國家的原則。（HHS 154）

上述引文顯示，黑格爾接受了社會契約的概念。由於個體意志是如此不同，以致人們需要一個社會契約的行動，使他們成為社會團體共同基礎的普遍意志，正如黑格爾所說：「契約把限定的個別意志構作成一個普遍意志。」（HHS 126）黑

格爾對契約論中意志概念的意義的重新評價意涵：他理解到
現代世界中主體性原則的重要性。職是之故，黑格爾說：

> 這是現代紀元較高的原則，一個柏拉圖與古人未知的
> 原則。在古代，共同道德由美好的公眾生活所構成
> ——美〔作為〕普遍與個別的直接統一，〔城邦作
> 為〕一個藝術作品，在其中沒有部分將其自身與整體
> 分離，而更是這種自我認知的大我及其〔外在〕表象
> 的親切的統一。但是，個體性把自我認知為絕對——
> 這種絕對的在己存有（Insichsein）……並不存在於那
> 裡。像斯巴達一樣，柏拉圖的理想國〔可以被描述
> 成〕這種自我認知的個體性的消失。」（HHS 160）

這段文字與其《法哲學原理》相應，黑格爾在其中說：「現
代世界的原則是主體性的自由，這就是說，在智性整體中呈
現的本質面的所有原則，而今都在他們的發展過程中取得它
們的權利。」（PR 273 節增補）以及「這個『我意求』（I
will）構成古代世界和現代世界之間的巨大差別，而在國家
的雄偉巨廈中，它因此必有其適當的客觀存在。」（PR 279 節
增補）

　　伴隨主體性原則的覺醒，黑格爾根據意志的概念來重新
定義法的概念。黑格爾說，個體可以看成是某人在其存在中
具有其意志，而其沉默的個別意志必須被尊重。個別意志的
存在是人類法律權利的基礎。因而黑格爾陳述道：「法律的

力量就是他的法律權利——他的既定本質——的外在化
（Entäusserung）運動。」（HHS 146）由此可推出：「公道與
法律程序的實施，因而就是權利的實現。」（HHS 144）根據
黑格爾，當法律在人民普遍意志的基礎上被實現時，它是其
倫理生活的表現。黑格爾對法律的描述進行如下：

> 這個力量凌駕所有存在、所有財產與生命，也同樣凌
> 駕思想——正確的、善的與惡的，這就是社群
> （Gemeinwesen）的共享的生命，活生生的國家。法
> 律是活生生的，是個完全而自覺的生命。作為普遍意
> 志，它是所有現實性的實體，[它]把自己認知成凌駕
> 於任何存活之物，概念的每一個決定乃至一切本質性
> 的存有。（HHS 145）

因為法是建基於普遍意志之上，而不是建基於任何謝林式精
神的絕對同一性上，所以法不是絕對精神的產物而是客觀精
神的產物。我們可以在黑格爾的陳述中看到這一點：「法是
精神的直接概念——力量、其運動的必然性、外在化（das
Entäussern），變成了他者。」（HHS 153）此陳述對研究黑格
爾的社會與政治哲學的發展至居關鍵。大多數的黑格爾學者
都認為，「在 1817 年的《百科全書》中，客觀精神的概念方
首次被引入，和著名的主觀、客觀與絕對精神的區分相聯

結。」[15]他們都假定此區分在較早的著作中缺而未顯。但事實卻是：即使在 1805-6 年間，黑格爾就已有一具體而微的客觀精神概念，那就是，法（Recht）乃係精神的客觀化或外在化產物。

先前關於黑格爾受契約論影響的論證，並不意謂黑格爾已放棄他古代倫理生活的理想。事實上，雖然黑格爾從契約論接收了意志概念，但他仍然採取了某種嘗試：修正它以相容於他的古代倫理理想。社會契約論是在眾多個體意志之外，建構普遍意志的歷程。無論如何這假定了在契約論之中，個體意志與普遍意志是異質的，也就是說，他們之間存在著不可跨越的鴻溝。現在黑格爾企圖將它們變成同質的，也就是說，他想要顯示：「個體的意志就是普遍的意志——同時普遍的就是個體的。」（HHS 118）依黑格爾，關鍵在於藉由民族的倫理生活來統一個體意志與普遍意志。

> 民族〔作為一個整體性〕由〔個體〕公民所構成，而它同時也是一個個體（the One Individual），也就是政府——此一個體只有在和自己的相互關係中卓然直立。意志的個體性〔即每個公民的意志〕的外在化，就是該意志〔即政府的意志〕的直接支柱。

> 然而一個更高層級的抽象、一個更高〔程度〕的對比

15　例如，見前揭書，p.4.

與教化、一個更深的精神，是需要的。它是倫理生活
（Sittlichkeit）的〔整全〕領域——每一〔個體〕都是
習俗（Sitten），〔因而是〕直接與普遍之物合一。在
此沒有任何抗議出現，每一個人都"直接地"知道自
己是普遍的——即，他放棄了他的特殊性，並不認識
其特殊性本身（as such），作為這個自我，就是其本
質。」（HHS 159）

黑格爾甚至說：「這就是希臘的美麗[與]快樂的自由，它一
直為人所嚮往。」所以黑格爾並沒有放棄他早期的倫理理
想。值得注意的是：「對黑格爾而言，普遍意志並不是國家
被歷史地或邏輯地建立於其上的前提，而是教化（Bildung）
的漫長歷程所出現的結果。教化經由分化與對立，從人的為
了獲得認可而鬥爭的不同要素之中，創造了政治意識。」[16]從
黑格爾的觀點來看，契約論者僅僅知道普遍意志是經由所有
不同意志的外在化而產生的，但他們卻不知道，普遍意志也
可以經由倫理生活的教化而產生。對黑格爾而言，為了要達
到個體意志與普遍意志的統一，外在化與教化兩者都是必需

---

[16] 見施洛莫·亞維諾（Shlomo Avineri）的論文：〈勞工、異化與社會階
　　級〉（"Labor , Alienation , and Social Classes"），在《黑格爾的遺產：
　　1970 年 馬 凱 特 黑 格 爾 討 論 會 論 文 集 》（*The Legacy of Hegel:
　　Proceedings of the Marquette Hegel Symposium 1970*, ed. J .J. O'Malley, K.
　　W. Algozin, H. P. Kainz, and L. C. Rice) (The Hague: Martinus Nijhoff,
　　1973），p.208.

的。（見前面所引用過的 HHS 153-4,159）

當塞拉‧班哈比（Seyla Benhabib）提及黑格爾耶拿早期
到晚期的轉變時，她說：

> 目前在研究黑格爾早期發展的學者中間，存有一普遍
> 共識：在 1802 到 1805 年間，他的思想經歷了一個
> 「知識論的斷裂」，極相似於馬克斯《1844 年手稿》
> （*1844 Manuscripts*）與《大綱》（*Grundrisse*）[17]之間
> 的思想斷裂。黑格爾的哲學道路，也是從自然到自
> 由，從實體到主體。出自《現象學》序言的著名陳
> 述：這部著作乃是要表述「真實不僅是實體，更同時
> 是主體」，……簡要地總結了黑格爾的哲學路線。[18]

此評論中存在著一個嚴重的誤解。事實上，即使在 1802/03
年間，精神與自由已經是黑格爾社會與政治哲學的核心概
念。在 1802/03 的《自然法》中我們已見到黑格爾說：「只
有當它統一負 A 與正 A 並因此停止將自己當作正 A 時，自
由才是自由。」（NL 90）在 1802/03 年的《倫理生活體系》
中，當黑格爾嘗試描述民族倫理生活的精神特質時，他說：

17　此書又稱為《政治經濟學批判的基礎》（*Foundations of the Critique of
Political Economy*）。（譯註）

18　見其博士論文，《自然權利與黑格爾：現代政治哲學論述》("Natural
Right and Hegel: An Essay in Modern Political Philosophy") (Yale
University, Philosophy, 1977), pp. 64-5.

〔先前層級中〕絕對的自然並沒有以任何精神型態出現；職是之故，它也沒有呈現為倫理生活；甚至仍處於較低下層級、否定性最弱的家庭也不是倫理的。倫理生活必定是完全消除特殊性與相對同一性（這些是全部自然的關係所能勝任的）之智性的絕對同一性。在此[倫理生活中]……絕對同一性（它先前是自然的且是內在的）已經進入意識之中。（SEL & FPS 142-3）

這段文字告訴我們民族倫理生活的精神性的重要，它取代了在勞動、財產、婚姻與家庭所實現的相對倫理生活的自然性。在 1803-4 年的《精神哲學 I》中，我們聽到黑格爾說：

把意識理想地建構為形式的「理性」、絕對的抽象、絕對的空洞〔與〕單一性，以及把意識真實地建構為家庭、個體存有的絕對財富，……這兩種〔歷程〕本身正是精神存在的理想環節，或者是它在與自然的「否定」關係中直接組織自己的方式。精神顯現為倫理的本質，為己的自由的存有，同時享受其一己之絕對自我：在一個「民族」的組織中，精神的絕對本性獲得了它自身的權利。（SEL & FPS 211）

這段文字十分清楚地描述了黑格爾對民族倫理生活中自然的哲學地位的貶低以及對自由的哲學地位的提昇。

　　班哈比主張 1802 年到 1805 年之間黑格爾的哲學道路是

從實體到主體，這個斷言也有一些問題。事實上，在 1805/6 年《耶拿講稿》中，雖然主體性原則比從前更受到強調，但民族的倫理實體仍然是黑格爾社會與政治哲學的核心概念。其實黑格爾的一生中，就社會與政治哲學來看，民族的倫理實體或國家中的倫理實體都是持續不變的論題。正如我們所顯示的，在認知主體性原則的重要時，黑格爾抓到了現代國家的精神。無論如何，由於受到法國大革命的恐怖的震懾，黑格爾嘗試以各種方式模鑄現代國家以符應於古代倫理實體的理想。在這種努力下，黑格爾把自己表現為古典與現代精神的綜合。正如伊爾丁（K.-H. Ilting）所說，其實，「當他宣稱位於理性法律與道德的中心的主體自由是『古代與現代差異的轉折與關鍵點』時，黑格爾顯然自認是這個傳統〔自由傳統〕的追隨者。」[19]但是伊爾丁又附加道：黑格爾對個人主義式的法律與道德原則的承認，並且他在他的哲學中給予它們顯著的位置，但這並不表示他毫無保留地接受它們的有效性。事實毋寧是：

> 為了要達到一個現代國家的理論根據，也就是說，要達到一個把國家視為政治社群（在此社群中個體不再

---

[19]　見其論文：〈黑格爾《法哲學原理》的結構〉(*The Structure of Hegel's 'Philosophy of Right'*)在《黑格爾的政治哲學：問題與展望》(*Hegel's Political Philosophy: Problems & Perspectives*) (ed. Z. A. Pelczynski, Cambridge: Cambridge University Press, 1971), 第 97 頁。

> 分離地追求他們私人的目的，而只實現他們共同的公
> 共利益）的理論，克服現代法律與道德哲學中的個人
> 主義基礎，變成是必要的。黑格爾發現達致這項任務
> 的洞見，在所有現代政治哲學的論述中付諸闕如。所
> 以他認為有必要超出這一局限而回到由柏拉圖與亞里
> 斯多德（Aristotle）所開創的傳統。[20]

根據伊爾丁對黑格爾《法哲學原理》結構的分析，在這本著
作的前兩部分，黑格爾呈現了合法律性與道德的現代區分，
而黑格爾《法哲學原理》前兩部分所遺漏的國家理論，在第
三部中則呈顯為模仿古代模式的政治社群理論。關於黑格爾
前兩部份理論架構的任何詮釋，都與第三部份的社群與體制
的理論相關。這表示，法律與道德理論只在社群與體制理論
的脈絡中，才能完成其真正的意義及有效性。在這種意涵
下，伊爾丁進而指出：黑格爾法律與道德理論的特徵，已在
其《倫理生活體系》中被揚棄了。這建立了在黑格爾最成熟
的社會與政治哲學系統中古代國家理論對現代國家理論的優
位性。[21]

　　但若果班拉比主張是在 1802 到 1807 年間，而非在 1805
年，黑格爾的哲學道路從實體過渡到主體，那麼她會是對
的。黑格爾 1805/6 年的《耶拿講稿》決定了其社會與政治哲

20　前揭書，pp.97-8.
21　前揭書，pp.98-9.

學的發展方向,而在 1807 年所完成的《精神現象學》,則是
在思辨哲學的脈絡中,完成了他對西方文化精神的哲學論
證。這兩者同樣標誌了黑格爾對謝林思維模式(同時對史賓
諾莎思維模式,如我們在 PS 10 中所發現)的永恆背離,唯
一的差異是,在前者之中核心概念是倫理實體,而在後者之
中核心概念則是精神主體。讓我們從《精神現象學》中引述
一段來論證黑格爾對謝林哲學的批評。

> 現在,考察任何一個有規定的東西在絕對裡是什麼的
> 時候,不外乎是說:此時我們雖然把它當作一個東西
> 來談論,而在絕對裡,在 A = A 裡,則根本沒有這類
> 東西,在那裡一切都是一。無論是把「在絕對中一切
> 同一」這一類知識拿來對抗那種進行區別的,實現了
> 的或正在尋求實現的知識,或是把它的絕對說成黑
> 夜,就像人們通常所說的一切牛在黑夜裡都是黑的那
> 個黑夜一樣,這兩種作法,都是知識空虛的一種幼稚
> 表現。(PS 9)[22]

依照黑格爾的觀點,謝林哲學的絕對同一性,僅僅是一個形
式原則。所以想運用它來產生各種不同的概念是一個錯誤的
徑路。一言以蔽之,謝林的絕對同一性完全缺乏從實體到主

---

[22] 本書中《精神現象學》引文之翻譯,主要參考賀自昭、王玖興之中譯
本(北京:商務,1979, 1997),部分內容依據英譯本更動。此處在
中譯本上卷10-11頁。(譯註)

體的進步性運動。這也就是為何黑格爾要說謝林的系統中「就把一切都隸屬於絕對理念之下，以致絕對理念彷彿已在一切事物中都被認識到了，並已成功地發展成為一門開展了的科學。」（《精神現象學》，頁 10）黑格爾進一步評論道：「但仔細考察起來，我們就發現他們所以達到這樣的開展，並不是因為同一個理念自己取得了不同的形象，而是因為這同一個理念作了千篇一律地重複出現；只因為它外在地被應用於不同的材料，就獲得一種無聊的外表上的差別性。」（PS 8）此引文顯示了黑格爾對謝林空洞的實體之批判。黑格爾指出：「此單純的實體（mere substance）自身本質地是消極的。」（PS 22）所以黑格爾嘗試顯示：「實體在本質上即是主體，這乃是絕對精神這句話所要表達的觀念。精神是最高貴的概念，是新時代及其宗教的概念。」（PS14，《精神現象學》，頁 16）關於此種由實體到主體的過程，黑格爾作出如下註解：

> 但精神的生活不是害怕死亡而幸免於蹂躪的生活，而是敢於承當死亡並在死亡中得以自存的生活。精神只當它在絕對的支離破碎中能保全其自身時才能贏得它的真實性。……而這種魔力也就是上面稱之為主體的那種東西；主體當它賦予在它自己的因素裡的規定性以具體存在時，而這樣一來它就成了真正的實體。
> （PS19，《精神現象學》，頁 23）

我們剛才已經指出：黑格爾 1805/6 年的《耶拿講稿》決定了其社會與政治哲學的發展方向。更早之前我們也發現：黑格爾在《耶拿講稿》中已有些許成熟的客觀精神的概念，雖然他未使用這個語詞；而且自我組織的自由意志的觀念扮演了彰顯現實精神（der Wirkliche Geist）之結構的角色。現在，在 1808 年的《紐倫堡手稿》中，黑格爾採用了新的語詞，那就是「實踐精神」（der praktische Geist）。黑格爾指出：

> 此實踐精神並非僅具理念，而且還是此生動的理念自身。它表現出如下兩者的精神，即由自身來規定的實在性以及對其諸規定而言的外在實在性。在此必須把自我區分為兩種以成就其客觀性：猶如它僅是理論的或理念的自我之作為對象，以及猶如它是實踐的或實在的自我之作為對象。（NHS 57）

而且黑格爾附加道：「實踐精神叫做高貴的（vornehmlich）自由意志。」從這裡我們可以看到，1808 年的**實踐精神**比 1805/6 年的**現實精神**更接近於 1817 年的**客觀精神**。此主張的另一個證據可以在黑格爾對實踐精神的如下描述中被發現：

> 精神的規定構成了它的種種法律。它們既非外在的，也非精神的自然決定；精神的唯一規定即是其自由。在此規定中一切皆被包含在內，此自由既是精神之法

> 律的形式，也是此法律的內容——此法律可以是一種
> 正當的、道德的或政治的法律。（NHS 58-9）

從這段文字我們可以了解：實踐精神的內容幾乎等同於在
《心靈哲學》與《法哲學原理》中所透顯的客觀精神的內
容。而在實踐精神的脈絡中，黑格爾也展現了他將契約論中
自然法之自然性予以精神化的持久努力，他說：「由法的基
本概念而來的學科被稱為自然法，好像存在著一種將人歸屬
於自然的法，因而與另一種法相區別，即源於社會的法，其
意涵是：在後者中，真實的自然法必須有一部分被犧牲
調。」（NHS 60）這個時期中，黑格爾之立場與他的 1805/06
年《耶拿演講》是一致的，在定義民族的精神時，他說：
「習俗、法律與憲法構成了一個民族精神之組織化的內在生
命。」（NHS 64）

　　較早之前我們也已經展示，在其 1805/6 年《耶拿演稿》
中，黑格爾首次引入意志的概念來彰顯現實精神的結構。我
們也指出，黑格爾對契約論的接受迫使他面對個體意志與普
遍意志間的異質性問題，雖然黑格爾嘗試解決此問題，但結
果並不令人十分滿意。主要理由也許在於黑格爾仍然緊守契
約論，因而將個體意志視為到達普遍意志的出發點。這種路
徑使得社會契約論的活動作為在不同個體意志的必然性之外
建構普遍意志的一個工具成為必要，也使得這兩種意志間的
差異性成為不可避免，正如同雷布恩（H. A. Reyburn）所指

出：「因為契約是依存於兩個獨立意志的鬆散的一致性（casual correspondence）的這種抽象關係，所以它包含了共同意志與私人意志彼此分離的可能性。」[23]現在於 1810 年的《紐倫堡手稿》中，黑格爾嘗試以嶄新的方式來解決此問題。這種嶄新方式在於**黑格爾倒轉由契約論所建立的這兩種意志的秩序**，這也就是說，**黑格爾採取普遍意志作為起點來彰顯其有機結構**。現在「意志自身即是一普遍意志。」（der Wille an sich ist also ein allgemeiner Wille.）（NHS 224）此一陳述意指：普遍意志就是自由意志的本質的特性，它並非從眾多個體意志中來加以組成的。相反地，**是普遍意志使眾多個體意志的存在其及真實的決定成為可能**。職是之故，黑格爾宣稱：

> 意欲（或個殊意志，Willkür）即是自由，但它是形式的自由，或僅當我的意志侷限於某物的自由。（NHS 225）

> 絕對自由的意志有別於相對自由的意志或意欲，其區別在於：絕對的意志只以自身為對象，相對的意志之對象則侷限於某物。相對的意志——例如欲求（Begierde）——只為某對象服務。（NHS 226）

---

[23] 見其著作，《黑格爾的倫理理論：一個法哲學的研究》(*The Ethical Theory of Hegel: A Study of the Philosophy of Right*) (Oxford: The Clarendon Press, 1921), p.142.

黑格爾的新進路成就了個別意志與普遍意志間的同質性。在此基礎上,黑格爾可以說:「自由意志之為自由,根本不是和規定性與單一性相聯繫——於其中一個體物與另一個體物相區別,它是一普遍的意志,而個體作為一純粹意志來說,就是一普遍存在。」(NHS 207)建基於此自由意志的新理論之上,黑格爾顯示:合法律性與道德的領域是自由意志的受限的表達,而人民與國家中的倫理生活才是自由意志的真實表達。(NHS 265)

經過此一概念修正之後,黑格爾的意志已不是盧梭式的特殊意志,亦非康德式的道德意志。假若黑格爾的意志乃是前者,他必將追隨盧梭而純化這些特殊意志,以便於使它們在政治脈絡中成為普遍意志。假若黑格爾的意志是後者,他必將在感性世界與智性世界之間劃出尖銳的知識論區分,以便於將道德意志置於後者之中。黑格爾的意志毋寧是盧梭的特殊意志與康德的道德意志二者的整合,簡言之,它是客觀心靈的意志。此一新意志的主要任務,既非只是使得政治體制成為可能,亦非只是使得道德世界成為可能,而是**要使一倫理世界在政治體制中之實現成為可能**。順著自由意志從其限制狀態到其無限制狀態的發展,我們看到了一個在政治體制中被實現成為意志之真實決定的倫理世界,立足在越來越寬闊且組織化的基礎之上,向我們顯現。

從精神哲學的觀點來判斷,黑格爾 1808 與 1810 年的《紐倫堡手稿》是屬於實踐精神的階段。但在其中所完成的

社會與政治哲學幾乎就是黑格爾在《心靈哲學》與《法哲學原理》所呈現的客觀精神的大綱。事實上，正如已經在《自然法》、《倫理生活體系》與《精神哲學 I》中所顯示的，黑格爾的社會與政治哲學起於絕對精神，之後成熟於 1805/6 年的《耶拿講稿》中的現實精神之觀念，隨後又在 1808 與 1810 年的《紐倫堡手稿》中被組織成實踐精神，而最後在 1817 年的《心靈哲學》與 1821 年的《法哲學原理》中發展為客觀精神而達到完滿。的確在 1817 年，黑格爾的社會與政治哲學業已到達了客觀精神的殿堂。當他這麼說時：

> 客觀精神是絕對理念，但這只存在於「可能性中」（in posse）：它因此是處於有限性的領域，其真實合理性保留了外在的明顯性的面相。自由意志發現自己直接地面對從情境（在其中自由是其「內在的」功能與目的）中所生起的差異，自由意志也與一個外在且已潛存的客觀性有關聯，而這個客觀性被劃分為不同的部分：即人類學的與料（即私人且個人性的需求）、為意識而存在的自然的外在事物、以及諸多個體意志（這些意志意識到其自身的多樣性與特殊性的）之間的關係連結。這些面相構成了意志具體化的外在質料。（En 483 節）

此中，其主要觀念是：「此意志有目的的行動，是要在這些外在客觀的面相中實現它的概念，亦即自由，使後者成為被

前者所鑄造出來的世界，使得自由意志在世界中有棲身之所，並與此世界緊鎖在一起。」（En 484 節）由此可見，黑格爾的《法哲學原理》不外只是此主要觀念的進一步發展。

的確在黑格爾《心靈哲學》中，我們可以找到良好證據證明其客觀精神的概念源自現實精神與實踐精神之發展。在《心靈哲學》中「智性」與「意志」的概念是在從理論精神到實踐精神（這兩者是屬於主觀精神）的過渡階段中引入。似乎這兩個概念打開了通往實踐精神的道路，這是一個與 1805/6 年《耶拿講稿》相似的主題。在此 1805/6 的講稿中，「智性」與「意志」則打開了通往現實精神的道路。在《心靈哲學》中，實踐精神也包含了「權利、道德、倫理與宗教的實質的內容」（En 472 節增補），這是一個《紐倫堡手稿》的殘餘。唯一的差異是，在《心靈哲學》之脈絡實踐精神被黑格爾視為落在主觀精神領域之中，因為其到達自由意志及其真實決定的進路基本上是**心理學的**。理由是，實踐精神的自性就是「實踐的感情，或行動的本能」。黑格爾因此說，「猶如它[實踐理性]根本上只是一個與理性同一的主體性，它無疑具有理性的內容，不過在本性上卻是一個個別性的內容，因而也是自然的、偶然的和主觀的──這個內容或許可以實際上與理性相吻合，但也相當同樣程度地可以被單純之個性（mere personality）（如需要、意見等）和自私地與普

遍事物對抗的主體性所決定。」（En 471 節）[24]黑格爾認為：只有在客觀精神的脈絡中，自由意志的理性的普遍性才被揭露、被揭示，也就是說，在其中「欲求自由的意志不再是一個要求滿足的**衝動**，而是個持久的性質──是精神意識已成長為非衝動的本性。」（En 482 節）只有在客觀精神的脈絡中，我們才能了解，「意志也是發展理念的活動。」（En 482 節）

如前所指出的，在《紐倫堡手稿》的實踐精神脈絡中，黑格爾提供了一個關於自然法與自由意志概念的嶄新的定義。現在於客觀精神脈絡中，黑格爾更邁出一大步。關於法（權利），黑格爾現在主張：「一般而言，自由意志在其中**定在**（或存在, has existence）的這種『實在』就是**法律（權利）**──此詞是以較廣泛的意義來使用，不僅被視為受限的法律上的法，也被視為所有自由之條件的定在。」（En 486 節）對於此自由意志，黑格爾則通過它從隱到顯的運動，來揭示它的現實的規定。當自由意志在其直接狀態，而因是一個單一存有時，其現實規定是人在財產上的形式與抽象權利。當此自由意志被反映到其自身之中，在其中有它的存在，且同時可以被描述為一個特殊物時，它就是主體意志的權利，或個體意識的道德。而當自由意志是實體意志，在主體中變得真實、相應於它的概念且被理解成一個必然性的整

24　本節譯文中的中括號及其內容係譯者所加。（譯註）

體時，則「它就是在家庭、市民社會與國家中的實際生活的倫理。」（En 487 節）這些都是其《法哲學原理》的主題。所以我們看到，客觀精神領域的成就，是黑格爾社會與政治哲學的**最後歸宿**。在其中，他的社會與政治哲學找到了它真正的表達。

　　早先之前，我們已經顯示：在黑格爾早期，也就是說，當絕對精神是他的社會與政治哲學的核心概念時，自然法在黑格爾眼中是倫理生活法。從以上的闡述，我們很清楚：伴隨著黑格爾社會與政治哲學的發展，絕對精神也逐漸失去它的主宰性，而客觀精神逐漸取得優勢。如今我們所面對的問題如下：當客觀精神的領域被充分發展時，自然法是否仍然是倫理生活法？從第一節我們已經清楚指出：黑格爾眼中的自然法是現代國家的社會系統及政治體制的理性形式。在此基礎上，我們可以說：自然法代表了社會系統及政治體制合理性的**形式面**。現在對於黑格爾而言，這些社會系統與政治體制的存在，是以倫理生活在其中之實現為目的。於此意義下我們可以說，倫理生活代表了這些社會系統與政治體制合理性的**質料面**。合理性的形式面與質料面兩者，無疑都在客觀精神的脈絡中變成同一。因此若果說自然法是客觀精神脈絡中的倫理生活法，此並不為過，雖然它和在絕對精神脈絡中所提出的相同主張有不同的意涵。

　　上述闡述告訴我們，對於黑格爾無論早期還是晚期，從其社會與政治哲學來看，「自然法就是倫理生活法」這個陳

述永遠是正確的。問題是，在早期，社會系統與政治體制的脈絡是通過絕對精神來證成，也就是說，此中社會與政治哲學揭示了絕對精神的實際規定；而在晚期，社會系統與政治制度的脈絡則是通過客觀精神來證成，也就是說，社會與政治哲學揭示了客觀精神的實際規定。我們先前也指出：黑格爾客觀精神的誕生是源自契約論的影響。特別地，他首先使用絕對精神的結構來克服契約論的形式性與抽象性。但這種嘗試是失敗的，理由是：後者瓦解了前者的結構。此負面的結果也帶來了客觀精神之正面結果，黑格爾後來便採用它來克服契約論的威脅。這就是黑格爾社會與政治哲學在其精神哲學中的發展。

（曹志成、劉增雄、林維杰、張展源譯）

第三節　知性與理性之對立

在社會與政治理論中，就克服傳統契約論的問題來看，黑格爾從康德之區分知性與理性以及二者各自對應的領域獲得諸多的啟發。[25]這個區分影響黑格爾至巨，這可以從如下事

25　無論如何，黑格爾拒絕了康德式感性世界與超感性世界的區分，以免這兩個世界之間，形成一種顛倒關係，而因此對科學真理造成莫大的傷害。根據黑格爾，太過堅持這兩個世界間的對立性差異的結果就是，超感性永遠成為感性世界的顛倒。由於超感性世界是普遍律法的領域，作為在感性世界中進行的變異及變更的軌規原則，其結果是，所謂的普遍律法，只是一個感性世界的對立部份。如此產生一個可笑

實看出：他喜歡強調康德是明確突顯理性與知性區分的第一人。（En. 45 節增補，467 節增補）依康德，知性是一種通過律則來確保現象之統一的機能，即是說，知性保障了我們知識的客觀性。然而當知性範疇的使用並不限定於經驗領域，即，當它應用於非經驗的對象時，它就成為「知性的超驗使用」。（C1 299）此知性範疇的超驗使用是形上幻象的來源。經進一步分析，康德發現：知性範疇超驗使用的原因在於理性的誤用，理性本來是要確保「知性規則在原則下的統一」。（C1 303）康德認為要確保知性規則在原則下的統一，理性的功能與其說是建構的，不如說是軌約的。這表示，「為了讓知性的雜多知識藉由概念得到一先驗的統一性，一可以被稱為理性之統一的統一性，理性絕不會直接把自己應用於經驗或任何對象，而只應用於知性。」（C1 303）因此，當理性直接把自己應用於經驗或任何對象時，就產生了於所謂「辯證的三段推理」（dialectical syllogisms）中顯現的形而上學幻象，其中包括純粹理性的誤推（paralogisms）、背

的情境，在其中：

於是，根據此顛倒世界的規律，在第一世界中**自身等同者**和自己**不等同**，而在第一世界中**不等同者**，同樣和自己**不等同**，或變成和自己**等同**。在一定的階段裡會得出這樣的結果，即按照第一世界是甜的東西，而在此顛倒了的自在（in-itself）世界中卻是酸的，在第一世界中是黑的東西，在後一世界中卻是白的。就磁石來說，在第一世界規律中是磁石的北極的東西，按照另一個超感官的自在世界（換言之，在地球）來說，卻是南極；而在彼處為南極者，在此處為北極。（PS 97，中譯本 107 頁）

反（antinomies）及理想（ideal）。理性與知性是如此息息相關，以致於理性的越權使用導致知性的超驗使用而理性的合法（genuine）使用造成了知性的內在（immanent）使用。因此之故，為了讓我們的認知過程能獲得正向的（positive）結果，理性有責任維護其自身的合法使用，以確保知性的內在使用。

　　事實上在其《差異》中，黑格爾已經非常清楚知性擁有兩種對立的特性：其一是內在與肯定，另一是超越與否定。因此黑格爾竭力將知性的使用規範在理性範圍內。所以其《差異》旨在顯示：當知性遵從無限之理性指導時，前者的有限性將被克服。換言之，知性註定要為理性服務，因為究極而論，前者是後者的「隱密效力（secret efficacy）」。（D 16）知性盡其設定限制與對立的責任，而理性則試圖解決這兩個缺陷，以達成更高的無限性與統一性。職是之故，黑格爾說：

> 作為由反思所造就的知識（Wissen）總體，哲學成為了一個體系、一個概念的有機整全，其至高無上的律法並非知性，而乃係理性。知性之任務是要確切顯現其設定之面相（posited aspect）的對立環節，限制、根據以及條件；但理性則負責統一這些矛盾環節，將二者設定（posit）在一起，進而揚棄二者。（D 23）

對於黑格爾而言，知性包含自身的反思，作為自我破壞力。

透過此反思的自我破壞，知性的否定性活動將被消除，也就是說，通過自我限定或服從理性之力量，知性可消除其否定性的使用。

　　在黑格爾眼中，契約論傳統將其理論完全建基於知性機能之上。由於知性有一否定面，契約論亦因此有一否定面。在《差異》中，黑格爾已經批判了費希特的契約論，他指出：「自然權利中的智性活動，只把自然視為可變的物質；因此既沒有自由的理想行動，也沒有理性的活動，而只有知性的活動」。（D 70）這是黑格爾首次從知性之侷限的角度來批判契約論的概念侷限。黑格爾認為，當理性應用在社會與政治脈絡時，它的功能是建構的。權利架構、司法系統，這全都是理性建構作用的結果。在一個社會與政治脈絡中，知性無法擔任建構的角色。在黑格爾看來，這因為知性並無統一的功能，反而是一種分解的能力（PS 18）。因此當諾克斯（T. M. Knox）說「在黑格爾眼中，〔作為知性活動的〕反思的本質工作，總是在於區別，而於綜合方面毫無能力」（PR 362）時，他是正確的。假若我們在建構的社會系統與政治組織中只憑藉這種分解的能力，那麼它們很難擺脫這種破壞性的威脅，而只會變得毫不穩固，最終必墮入無政府狀態。似乎對黑格爾而言，從盧梭的社會契約論引向法國大革命的絕對恐怖（Absolute Terror）看來，它代表了知性的否定面及其破壞力的最高峰。黑格爾遂指出：在法國大革命中，我們所擁有的東西是「否定的自由，或知性所設想的自

由」。又說：「此為虛無的自由，它昇起一種激情，並在世界之中具現」，所以，「否定的自由所企望的，絕非它自身中的任何東西，只是一抽象觀念，而當這種觀念實現時，只能是一破壞性的狂熱。」（PR 5 節註）換言之，否定性的知性作為一種破壞的力量，只能用以證成烏合之眾的行動，他們把純然否定性當作起點，並將邪惡的意欲及對此種意欲的猜疑擢升至最高位置（PR 272 節註）。由於受到契約論的破壞性後果之驚嚇，黑格爾因而傾向藉由截斷其否定面來收窄知性的使用。其結果是，在黑格爾《法哲學原理》中，有思辯理性與抽象知性的領域兩者之區分；前者一方面根據其自身的原則，通過精神的理性系統之實現來建構社會體系與政治組織的理性根基，另一方面則規範知性的使用，以致知性對經驗性的冷酷事實（brute facts）之素樸斷言不會被視為社會合理化（societal rationalization）的主要支柱。

在抽象法（Abstract Right）領域中，黑格爾首先區分了「占有」（possession）和「所有權」（或財產，財產權，property）。

> 從外部支配一物就構成佔有；同樣，我由於自然需要、衝動和偏好而把某物變為我的東西，這一特殊方面就是佔有的特殊利益。但是，我作為自由意志在佔有中成為我自己的對象，從而我初次成為現實的意志，這就是構成所有權之範疇的面相，而它是佔有中

的真實而正確的要素。（PR 45 節）

黑格爾進而補註說：「如果把需要當作首要的東西，那麼從需要方面看來，擁有財產就好像是滿足需要的一種手段。但正確的立場是，從自由的角度看，財產是自由最初的具現（embodiment），它本身是實體的目的。」（PR 45 節註）雖然黑格爾在此並未對知性與理性領域的作出二元論式區分，他卻於主觀特殊性與客觀普遍性兩領域間畫下尖銳的分界。占有是服從主觀需求原則的產物，所有權則是服從理性原則的產物。簡言之，占有是自然現象，而所有權則是理性現象。

　　在霍布斯理論中，占有與所有權的區別已被劃分——前者是自然狀態，而後者則是公民狀態。但他卻沒有分析到我們的所有權意識及其在我們精神中的分位。盧梭是首位哲學家指出對於所有權的正面確認與市民自由之保障息息相關。順著自然自由與市民自由的區分，盧梭指出：「我們必須清楚地……區分占有與所有權，前者只不過是武力之結果或最初佔領的權利，而後者必得建基在確定的頭銜上。」（SC&DOI 23）

　　相較於盧梭，康德被公認是首位哲學家通過占有和所有權與我們精神的不同表現相關的觀點，在它們之間做出區別。康德在宣稱「若我與一物如此緊緊相連，以致任何他人無我的允許而使用它，就是傷害了我，則該物即在**法律上屬**我（mine de jure, meum juris），而使用一物之可能性的主觀

條件，即稱為**占有**」之後，進而明確的說：「……在占有的概念中，若無雙重意義，即**感官**占有（sensible possession）與**智性**占有（intelligible possession），則將會有一自我矛盾；感官占有意指一物之物理占有（physical possession）；而智性占有則意指同一物之純**法律**占有（de jure possession）。」（MEJ 51）對康德而言，所有權屬於智性占有，理由是：「權利的概念僅存在於理性，而不能直接應用至經驗的對象或經驗性占有的概念。」依康德，占有的經驗性表象是「**拘留**」（detention），而占有的智性表象則是「**擁有**」（having）。「擁有」的概念，被康德用來意指占有一個從所有時空條件中抽離出來、僅受我之權力（authority）支配的外在對象。

　　但康德說，迄今為止，所有權只被認知為**暫時的法律上**占有（provisional de jure possession）。與此相對，有一種占有可以在真實市民社會中被發現，這種占有被稱為**強制的**占有（peremptory possession）（MEJ 66）。暫時的**法律上**占有即自然狀態中的財產。依康德，這種認可僅具主觀必然性。此必然性存在於人類永遠能行使其自由意志來安置其本身財產之中。康德同時說，暫時的**法律上**占有是知性在其實踐應用中的產物。從康德的觀點看來，此所有權之證成毫無客觀必然性。這種暫時的法律上占有依然是偶然的。康德指出：為要使該占有變成強制的，一個束縛所有人的意志，即一個集體的、普遍的、有力的意志，乃係必要的。通過此一意志作

為社會契約的基礎，導致了市民社會之產生。

　　十分明顯，黑格爾追隨康德之立場，從我們精神的不同表現，在概念上區分占有與所有權。黑格爾將二者分別稱為暫時的占有（provisional possession）與強制的占有所有權（peremptory possession property）。細究之下，則前者應被視為來自抽象權利觀點的所有權，而後者則應被視為來自市民社會角度的所有權。對黑格爾而言，所有權的意識是非常重要的。從其《精神現象學》的立場來看，我們可以說占有是屬於意識階段，此中我們所擁有的只是感覺確定性，而所有權則屬於自我意識階段，此中我們所擁有的是自我確定性。由占有我們只知道欲望或需求的實在性；而由所有權我們則知道工作或勞動的真理。欲望或需求是人類存在的基本模式；工作或勞動則是人類文明的驅動力。

　　黑格爾在對婚姻的哲學詮釋中，第二次提到此知性與理性的二元性。在《法哲學原理》中，他說：

> 婚姻，作為直接的倫理關係，首先包括自然生活的環節。因為婚姻是一種實體性的關係，所以它包括生活的全部，亦即種族及其生命過程的現實。但其次，在自我意識中，由於自然性別的結合是純粹內在或隱含的，也正因為如此，它便以純然外在的姿態存在著，這種結合就轉變成為精神層次的結合，成為自覺的愛。（PR 161 節）

此處黑格爾意指，表面上婚姻宛如一個限制雙方當事人行為的束縛，而實質上，藉由放棄他們的自然與個人人格，以利於一方與另一方的新合一，他們獲得更高的自由。黑格爾進而作出如下之解說：

> 婚姻的主觀出發點在很大程度上可能是締結這種關係的當事人雙方的特殊愛慕，或者出於父母的事先考慮和安排等等；婚姻的客觀出發點則是當事人雙方自願同意組成為一個人，同意為那個結合體而拋棄自己自然的和個別的人格。在這一意義上，他們的結合乃是一種自我限制，但其實這正是他們的解放，因為他們在其中獲得了他們的實體性自我意識。（PR 162 節）

此中二元性存在於主觀面與客觀面的交互共存（co-existence）之中。主觀面是遵循自然原則的產物，而客觀面則是遵循理性原則的產物。或者我們可以說，主觀面屬於感性面，而客觀面則屬於智性面。依康德，道德意志賦予感性世界以智性形式。透過此智性形式，婚姻不再是主觀的欲望與偏好（caprice），而是一精神紐帶（spiritual bond）。當黑格爾說：「兩性結合的精神紐帶獲得了它作為婚姻實體的合法地位，從而超脫了激情和一時特殊偏好等的偶然性，其本身也就成為不可解散的了。」（PR 163 節）時，他清楚地援用了康德式的思維模式。透過將家庭之基礎視作精神紐帶，黑格爾對康德思維模式的援用，目的是想要克服康德的契約

論，因為據此契約論，婚姻只是一種契約關係。因而黑格爾說：

> 上面已經指出，就其實質基礎而言，婚姻不是契約關係。相反地，雖然婚姻從契約開始，它實際上是個要超越契約觀點的契約——在這種契約觀點中，個人在其個體性中被視為是自我潛存（self-subsistent）的單元。（PR 163 節註）

對黑格爾而言，「婚姻不可能歸屬於契約的概念下，而康德竟把它歸屬於契約的概念下（《法學的形而上學的第一要義》），可說竭盡情理歪曲之能事。」（PR 75 節註）黑格爾認為，康德並不知道在精神紐帶中，人格的同一化（identification）已經是一個倫理心靈，它超越了個體意志間的契約關係範域。

　　黑格爾社會存有論中康德思維模式的援用在對契約論之克服與消化上扮演至關重要的角色。在占有與所有權方面，後者終究要轉變成前者的深層基礎。在家庭方面，黑格爾指出，「其結果，感性的、屬於自然生活的環節，在倫理上被定位成純是後果性與偶然性的東西，屬於倫理紐帶之外在具現。至於倫理紐帶則完全潛存於互愛與互助之中。」（PR 164 節）根據黑格爾，做為一個實體連結，倫理紐帶是建基於知性無法理解的理性基礎之上。因為「愛是一種最不可思議的矛盾，決非知性所能解決的，因為沒有東西能比這一種⋯⋯

自我意識更為頑強的了——它是被否定的，然而我卻仍應把它當作肯定的東西而擁有它。」（PR 158 節增補）在婚姻現象中，知性所能理解的，僅限於身體欲望的偶然與偏好之領域。（PR 164 節註）因此，為了要理解在婚姻中所含藏的精神紐帶，我們需要訴諸一超越知性的機能。黑格爾於《法哲學原理》中乃石破天驚地說：在理解倫理生活這一個向度時，一個比知性更高的機能是需要的。這裡也是他首次明確地指出了知性與理性之二元領域。

黑格爾最明顯的使用知性與理性之二元領域，在於他對於市民社會與國家一區分的哲學詮釋。當黑格爾描述市民社會的需求體系時，他說：

> 在達成利己之目的的過程中，……一種在一切方面相互倚賴的體系被建立起來，在其中個人的生活和福利以及他的法律地位都同眾人的生活、福利和權利交織在一起。……這種體系可以首先被看成是個外部的國家，建基於需要的國家，或者是知性所看到的國家。
> （PR 183 節）

這表示我們可以用兩種不同途徑來設想政治組織。由知性所設想的政治組織是市民社會，而由理性所設想的政治組織則是國家。依黑格爾，知性是理性的抽象環節，或詳言之，是理念（Idea）的抽象環節。如此從理念的角度來看，市民社會「是在兩極分化中消失了的倫理秩序的體系，它構成了理

念的抽象環節，其實現的環節。」（PR 184 節）換言之，此處
所呈現的理念只是一相對整體性，而非一絕對整體性。

　　值得注意的事情是，用「知性－理性」範疇來理解市民
社會與國家的區分時，黑格爾一方面強調市民社會與國家的
概念性區別，而另一方面卻強調它們之間的功能性相關。從
概念性區別來看，黑格爾說：

> 如果把國家同市民社會混淆起來，而把它的使命規定
> 為保證和保護所有權和個人自由，那麼個體本身的利
> 益就成為這些人結合的最後目的。由此產生的結果
> 是，成為國家成員是任意的事。但是國家對個人的關
> 係，完全不是這樣。（PR 258 節註）

至於功能性相關，可從黑格爾的立場看出：任何反對階級與
財產存在的原子論及抽象觀點，皆犯了抱持「把市民生活和
政治生活彼此分割開來，並使政治生活懸在空中」（PR 303 節
註）的錯誤。而依黑格爾哲學之體系，公權力（public
authority）與法人團體（corporation）提供了經濟社會與政治
國家間的連結。

　　由上可見：知性的領域代表了主體需求之場域，而理性
或觀念領域則代表了普遍意志之場域。在描述需求體系時，
黑格爾同時陳述道：

> 最初，特殊性一般地被規定為跟意志的普遍物相對抗

> 的東西，它是主觀的需要。……。這裡，需要的目的
> 是滿足主觀特殊性，但是就在這種滿足所具備的對於
> 別人之需要及其自由之任意意志的關連或意義
> （bearing）中普遍性出現了。因此發生在這一有限性
> 領域中的這種合理性的表現就是知性，這一個方面在
> 我們考慮這一領域時極為重要，它本身構成這一領域
> 內部的調和因素。（PR 189 節）

黑格爾肯定知性在有限範圍中呈現這一點，與康德的理性是
無限的原則、而知性是有限的原則的觀點相符。有限的原則
所掌握的，是主觀特殊性領域。倫理生活的實體則超越此領
域。

作為《法哲學原理》的英譯者，諾克斯（PR 358）指出了
知性與理性間的差異：知性的普遍世界（the world of the
universal of the understanding）是抽象的，而理性的普遍（the
universal of reason）則是具體且自我區別的。事實上，黑格
爾認為知性原則代表了抽象與外在普遍性，而理性原則則旨
在揭露自由意志的具體普遍性。黑格爾指出：此具體普遍性
將與其對象部份重疊，「它作為普遍物覆蓋於它的對象之
上，把它的規定貫穿滲入，而在其中保持著與自己的同
一。」（PR 24 節註）當黑格爾在此場合中強調合理性
（rationality）時，它實指理性之內容，而非知性之內容。依
黑格爾，當人只服膺知性原則，那麼許多社會與政治結構的

合理的維度便無法凸顯。唯有服膺理性原則時，我們才能揭示這些維度。舉例來說，關於權力的劃分，黑格爾說，為了確保公眾自由，有必要對國家權力加以劃分。這種劃分的原則包含了合理性的本質環節。不過，黑格爾補充道，抽象知性的機能無法掌握其涵義，而且將權力的劃分視作敵對的關係。（PR 272 節註）黑格爾也使用知性與理性之二元性來證明君主的必要性，他說：君主是超越抽象知性之理解範圍的，這即是說，其合理性應被具體理性一機能所揭示。

　　如前所示，黑格爾吸收契約論的策略是：他讓這個理論的所有概念全都成為知性的產物。（PR 187 節註）依黑格爾，知性所涉及的只是抽象普遍性與主觀特殊性，而非個體性或具體普遍性。內在於知性之範圍，抽象普遍性與主觀特殊性的衝突無法獲得解決。但在倫理生活中，這種衝突可以得到解決。因為理性或理念可以整合知性的普遍性與特殊性，並使這種整合成為個體性或具體普遍性。黑格爾對此歷程作出了如下之描述：

> 任何自我意識都知道自己是普遍物，即從一切被規定的東西中抽象出來的可能性，又知道自己是具有特定對象、內容、目的的特殊物。然而這兩個環節還只是單純的抽象；具體的、真的東西（一切真的東西都是具體的）是普遍性，它以特殊物為對立面，這個特殊物通過在自身中的反思而與普遍物相一致。這個同一

就是個別性，但不是直接作為單一體（unit）的個別
性（這是我們對個別性的最初觀念），而是符合它的
概念的個別性；確實，在此意義下的個別性其實就是
概念本身。上述最初兩個環節——意志能從一切中抽
象出來，而它又是由自己或他物所規定的，——人們
容易承認和理解，因它為它們單獨說來都不是真的而
是知性的環節。但是第三個環節是真的和思辨
的，……，而知性就不肯深入到這一環節中去，因為
它恰恰把概念總是指為不可理解的東西。（PR 7 節註）

知性之附屬於理性，意謂自然喪失了它的力量以及產生了自
由的領域，同時也意謂有限者的否定性在倫理實體中變成肯
定的要素。職是之故，黑格爾說：「在倫理性的實體即國家
中，自然被奪去了這種力量，而必然性也就上升為自由的作
品，即一種倫理性的東西。」又說：「有限者（the finite）
之變遷性成為所希求的消逝，處於有限者之根基的否定性也
成為倫理實體所特有之實體的個別性。」（PR 324 節）

依黑格爾，知性只能處理抽象的東西，它不能處理「自
由的理念和真理」。（PR 10 節註）因為知性恆依附於自由意志
理念的沉隱存在而非其外顯存在。換言之，知性只掌握自由
意志理念的可能性，而非其實現性。依黑格爾，思辨的辯證
法領導受限的知性去發現自由意志的理念領域及其所有的具
體決定。但達到思辨理性的領域並不蘊涵知性的領域要被消

除。事實上，在由理性來確認並合法化知性決定物（the determinations of the understanding）的價值此點上，黑格爾再次忠實地追隨康德。職是之故，黑格爾說：如上所述，知性的環節在思辯理性中將被**認可**與掌握。當黑格爾說：

> 因此，理性的目的既不是上述的自然的質樸風俗，也不是在特殊性發展過程中通過教養而得到的享受本身。理性的目的乃在於除去自然的質樸性，其中一部份是消極的無我性，另一部份是知識和意志的樸素性，即精神所潛在的直接性和單一性，而且首先使精神的這個外在性獲得適合於它的合理性，即普遍性的形式或**知性**（Verständigkeit）。（PR 187 節註）

他清楚地意識到思辯理性凌駕於抽象知性的優勢。

在法律哲學領域中黑格爾也將實定法的歷史研究工作賦予知性，而將自然法的哲學研究工作歸於思辯理性。（PR 3 節註）依黑格爾之觀點，我們判別一個特定社會系統是否合理的唯一途徑是通過思辯理性，而這是哲學的論題。在他對胡果（Gustav Hugo）的法律哲學批判中，黑格爾評論，胡果的法律哲學進路僅侷限於知性。因此從黑格爾的角度來看，胡果可以得到許多關於實定法的歷史知識，但卻遠離了任何既有法律系統的合理性判斷。黑格爾說，法律的實證主義者進路，即，以「知性」為法律研究進路，有時含藏一引進「欺騙方法」（deceptive method）的危險，也就是說，提供「為

壞事找好理由」的危險。（PR 3 節註）

　　李德爾說，若果從亞里斯多德到康德的偉大政治作品的細節及其關於歷史生命的種種型態之不同描述抽離出來，則必得承認，在黑格爾之前的歐洲學術的特殊老傳統中，依然欠缺關於現代國家與社會之關係的適切「概念」。他跟著指出：

> 從亞里斯多德到康德的政治形上學的偉大傳統中，國家被稱為「市民社會」，這是因為對他們而言，社會生活已經屬於政治——具有法律能力的市民（citizen），或像康德的 cives，保留其拉丁語——同時也因為人類世界的「政治地位」，在這些詞彙中就包含了在統治階級與平民階級中之真正的「經濟」與「社會」要素；與此相反，黑格爾將國家的政治領域與「市民」的「社會」領域區別開來。如此一來，「市民」一詞取得一與其根源語意相反的首先是「社會的」內容，而不再如同十八世紀那樣被當作和「政治的」同義。[26]

這種解釋對彰顯黑格爾在西方社會與政治哲學的歷史成就頗具洞見。但李德爾卻忽略了在契約論中做出市民社會與國家的概念之區分的漸進歷程。當我們看見霍布斯說「決定國民

---

[26]　見氏作，《傳統與革命之間》，p. 139。

之間要用什麼方法來訂定所有契約，諸如買、賣、交易、借、貸、讓與、雇傭等，且要使用什麼語言和符號方能使它們有效，這均屬於國家，也就是說，屬於君王」（L 188）時，我們可以十分正確地說，霍布斯的市民國家完全是政治的。而盧梭則強調，我們可以從不同角度來看「公眾人」（the public person）；所以我們可以把它看做城邦（city）、共和體（republic）、國家（state）、君王（sovereign）、權力（power）、民族（people）、公民（citizens）或國民（subjects）。（SC&DOI 19）康德對市民社會與國家的概念劃分更接近於黑格爾。康德說：「當國家中的個體以這種方式〔在法律條件下〕彼此關聯時，他們即建構一市民社會（status civilis）；而且當被視為與其自身成員相關聯的全體時，此市民社會即稱為國家（civitas）。」（MEJ 75）康德的這種將市民社會視為是原子式，而將國家視為有機的觀點，顯然影響了黑格爾，這可從後者的陳述中看到：「國家的組織，建基於一與私有權利中衍生的形式主義完全相異的具體智慧之上。」（HPW 256）

　　黑格爾克服傳統契約論的法門，乃是在於使「契約」的本質完全變成為非政治性。黑格爾將契約觀念侷限於抽象法與市民社會的範圍。值得注意的是：黑格爾只改變應用契約的範圍，但並未改變其基礎本性。對黑格爾來說，就像對其他的契約論者一樣，契約意指客觀的相互承認。黑格爾對契約作出如下之界定：

> 人使自己區分出來而與另一人發生關係，並且一方對
> 他方只作為擁有者這兩人才真的為彼此而存在。他們
> 之間隱含的同一性，由於依據共同意志並在保持雙方
> 權利的條件下將所有權的一方移轉於他方而獲得實
> 現。這就是契約。（PR 40 節）

契約的觀念引生不少以所有權為中心的經濟現象。黑格爾指
出：「人們締結契約關係，進行贈與、交換、交易等等，係
出於理性的必然，正與人們佔有財產相同。」（PR 71 節註）所
有權與契約的觀念，將它們運作於其中的領域顯現成為市民
社會。在市民社會中，「所有權和人格都得到法律上承認，
並具有法律上效力。」（PR 218 節）市民社會本身是一個靠法
律系統維持的巨大契約領域。職是之故，黑格爾說：「在市
民社會中，所有權就是以契約和一定手續為根據的，這些手
續使所有權具有證明能力，和法律上效力。」（PR 217 節）這
些契約關係本身並不涉及任何政治組織的成立。換言之，社
會契約對於既有的政治組織的生成，在概念上毫無關心。與
霍布斯、盧梭及康德的理論迥然不同，黑格爾理論中的社會
契約並不導致政治組織的成立。如前所述，從經濟社會到政
治國家的過渡，是藉由公權力與法人團體，而它們的組成並
不建基於社會契約行為。

　　雖然黑格爾企圖克服契約論的傳統，但契約論依然以一
嶄新的形式出現於黑格爾哲學體系。在發展國家理論上，黑

格爾幾乎全面克服契約論。但詭異的是：在完成其國家理論後，黑格爾又走回到契約論。黑格爾所面對國際關係的處境，和契約論的自然狀態如出一轍。黑格爾發現：要在不同國家之間建立公共關係，就好比在不同人之間透過簽訂一社會契約來建立公共關係一樣。在以下一段話中，我們可以看到黑格爾明顯地意識到這種相似性：

> 國際法的基本原則在於，條約作為國家彼此間義務的根據，應予遵守。但是因為它們之間的關係以主權為原則，所以在相互關係中它們是處於自然狀態中的。它們的權利不是由被組成為超國家權力的普遍意志來實現，而由它們特殊意志來實現的。（PR 333 節）

　　無論如何，國家做為一個個體，畢竟和生活在自然狀態中的個人不同。國家有其獨立性與整全性。作為一個個體，國家的個體性同時是普遍性，而非特殊性。個人必須互相依賴來生活，而國家的個體性則擁有較多的自主性。從此觀點看來，當簽訂社會契約時，一國與他國的訂約不同於個人的訂約。職是之故，黑格爾說：在國際關係中的契約「比在市民社會中的少得不可以計數，因為在市民社會中個人在很多方面相互倚賴，而各個獨立國家主要是自給自足的整體。」（PR 332 節）

　　如同李德爾所指出，黑格爾的國家概念進入了更寬廣的世界歷史領域。市民社會之隸屬於國家，正如國家之隸屬於

世界歷史。茲如上述所示，當黑格爾面對世界歷史的起點時，自然狀態的情境與訂約的行為再次出現。準此，李德爾說：

> 黑格爾在《法哲學原理》結尾所引介的歷史向度，乃係這一理念之自然條件的現實性，自然法理論家將之放在其體系的開首。當他們所關注的從自然到市民社會之運動終結時，便開始了黑格爾所關注的國家不再與市民社會而與「其他國家」之關連。這一自然狀態是真實的，而非虛構的——它是歷史的運動，這是法哲學之組成部份，此中它再次將自己從法律與社會的抽象自然理論中解放出來。[27]

李德爾說，一方面，「就像家庭站在家庭成員與市民社會和歷史之間」，而另一方面，在與法哲學體系的終結和歷史哲學的開端相對應的世界歷史中現實的心靈之普遍運動裡，家庭、市民社會與國家都是理想性的建構；這是說，在從法哲學到歷史哲學的過渡中，他們的現實性被普遍心靈所證成。[28]

我們可以說：為了要給由契約論所引進的「市民與國家關係」這論題一個較為公平的處理，黑格爾最終把這個論題

---

[27]　前揭書，pp. 49-50。
[28]　前揭書，p. 50。

帶進到歷史哲學的境域當中，這是一個從未被契約論者所注及的課題。

（劉增雄譯）

第二章　心靈與國家

第一節　柏拉圖、亞里斯多德與黑格爾

　　在黑格爾研究的領域中，每位學者都同意於此一事實：黑格爾「倫理生活」的觀念來自於古代希臘的城邦政治（Polis）。詳細而論，它是柏拉圖和亞里斯多德理論中的倫理生活的觀念的一個版本。但是，仔細研究之下，我們卻可發現：有些學者認為黑格爾的倫理生活是來自於柏拉圖的；另一些學者則認為是來自於亞里斯多德的。持前一立場的學者有裴欽斯基（Z. A. Pelczynski）、殷活（M. J. Inwood）及裴剖查（Adriaan Peperzak）；而持後一立場的學者有福斯特（M. B. Foster）和懷德部（J. D. Whitebook）。本章中，我們將對此爭論作一個批判性的檢驗。

　　讓學者把黑格爾關聯到亞里斯多德而非柏拉圖的最明顯證據是柏拉圖的《理想國》並不確認私有財產的正面價值，而這正是主體自由的具體表現。黑格爾對柏拉圖政治理論的這種觀念上的侷限提供了一個清楚的描述：

　　　　在其《理想國》中，柏拉圖描繪了倫理生活之實體的

理想美和真，但是對於自我潛存之特殊性的原則（the principle of self-subsistent particularity）（在他的時代，這一原則已入侵希臘倫理）之處理，他只能做到這一點，即提出他的純粹實體的國家來與這個原則相對立，並把這個原則從其國家中完全排除出去——無論是此原則還在處於私有制和家庭形式的最初萌芽狀態中，或者是在其較高發展形式中，如主體意志，乃至對社會地位之選擇等等。……個體具備自我潛存的無限人格這一原則，即主體自由的原則，被柏拉圖在其[國家]（這是他賦給現實中的心靈的純粹實體形式）之中加以否定。這個原則後來以內在的形式於基督教中出現，而以外在的形式於羅馬世界中出現。（PR 185 節註）[1]

依黑格爾，「由於我的意志（作為一個人的意志，而且所以是個單獨的意志）在財產中變得對我是客觀的，財產取得了私有財產的性質。」（PR 46 節）。可以確定的：黑格爾把私有財產的正面價值視同為自由意志的客觀規定，這一點是毫無保留的。他重申說：

---

[1]　譯文中[國家]係譯者更動加入的。此處「個人特殊性」係就個人欲望的追求與滿足的而言，而與市民社會所展現出的普遍性（約制性）相對照。黑格爾還認為從特殊性發展到自我潛存（參考 PR 124 節註）是倫理腐敗入侵古代社會之徵兆以及古代世界沈淪的最終原因。（譯註）

因此，那些構成我的人格的最隱密的財富和我的自我
意識的普遍本質的福利，或者更確切些說，實體性的
規定，是不可轉讓的，同時，享受這種福利的權利也
永遠不會失效。這些規定就是：我的整個人格，我的
普遍的意志自由，倫理和宗教。（PR 66 節）

在此基礎上，黑格爾於古代與現代國家之間畫出了一條明確
的界線。他說：

在古代國家，主觀目的同國家的意志是完全一致的。
在現代則相反，我們要求自己的觀點，自己的意志和
良心。（PR 261 節增補）

換言之，「主體的特殊性的權利，他要求被滿足的權利，或
者換言之主體自由的權利，是劃分古代和現代的樞紐和中
心。」（PR 124 節註）。這個差異最能說明柏拉圖與黑格爾對
於私有財產之價值此一課題上的迥異的態度。基於此一差異
之預設，福斯特在其柏拉圖與黑格爾的比較研究中宣稱柏拉
圖的過度強調公道（justice, 或 Dikaiosune）的觀念，它涉指
國家中各社會階級之間的有機的統一，這必然地排除了自由
的存在。福斯特說：

公道（Dikaiosune）是一種排除自由的統一；然而現
代對人格及國家二者的觀念都是一種植基於自由的統
一。

> 正是在這一根本的問題上，現代的國家哲學迥異於古
> 代的城邦哲學，特別地黑格爾的政治哲學不僅不同
> 於，且是由他本人明確指出不同於柏拉圖的政治哲學
> 之處。黑格爾毫無保留地強調現代國家是建立在自由
> 之上，而並非如柏拉的理論般，對自由的排除。[2]

　　實際上，對亞里斯多德的社會與政治理論的深入研究可
以幫助我們瞭解柏拉圖與黑格爾之間的距離，儘管我們將要
說明的這些要點並沒有為福斯特所注意。在其《政治學》
中，亞里斯多德反對柏拉圖對主體自由的壓抑，雖然這並不
蘊涵他放棄了柏拉圖所提倡的倫理生活。然而，亞里斯多德
確實放棄了柏拉圖的倫理生活的進路。對亞里斯多德而言，
理想的國家形式並非極端的統一。亞里斯多德相當清楚「當
一個國家不停地邁向一統一體終將不再成為一個國家。」（P
1261a）[3]亞里斯多德所同意於柏拉圖的是：教育為導致國家的
共同統一之最佳途徑。不過，亞里斯多德認為柏拉圖的方法
並不恰當。（P 1263b）柏拉圖的理想國家會讓人們對同一件東
西異口同聲地說是「我的」，這是說，每個男人會對同一個
身體宣稱是他的身體，對同一個女人說是他的妻子，並以同

---

[2]　M. B. Foster, *The Political Philosophy of Plato and Hegel* (Oxford: Clarendon Press, 1935), p. 69.

[3]　譯文參考顏一編，《亞里斯多德選集：政治學卷》（北京：中國人民大學出版社，1999）。（譯註）

樣的方式述說他所擁有的東西。依亞里斯多德，這種普遍的我的東西的情況無法產生一種社會團結的感覺。（P 1261b）

　　與黑格爾一般，亞里斯多德尊重現有的社會習俗；他從不主張建造一嶄新的社會體制來取代舊有的。亞里斯多德認為傳統的社會習俗代表一民族常態的心理。他與柏拉圖同時接受下列事實：「國家中情誼感受的存在對於人民是一種福祉，它可以阻止分裂衝突。」（P 1262b）但是亞里斯多德認為「在一個存在著這種連結方式[公共、共有的連結]的國家中，情誼感受不免是薄弱的，父親幾乎不會說『我的孩子』，而孩子也不說『我的父親』。」（P 1262b）基於對人類心理的經驗分析，亞里斯多德發現「有兩種動力勝過其他所有動力，使得人類彼此珍惜並感受情誼：『這是我自己的』以及『這是一種歡娛』。」（P 1262b）進一步分析之下，「這是我自己的」比「這是一種歡娛」更加基本。這是說，前者是後者的根源。因此亞里斯多德斷言：「從私有制的感受中可以導出極大數量的快樂。」（P 1263a）依亞里斯多德，自愛是私有財產的心理基礎，而幸福絕大程度上依賴於對某些私有財產的擁有。在他眼中，自愛是一種自然的傾向。對這種情感的更多的培養不僅無害，且會有助於團結的情緒之產生。職是之故，他所譴責的並非自愛，而乃係自私：

> 自愛源自天性，而非徒勞的情感，儘管自私應當受到責難。但自私並非是真正的自愛，而是過度的自愛，

> 就像貪財者對金錢的喜愛一樣；可以說，所有人都喜
> 愛這一類東西。而且，幫助朋友、陌生人乃至同事會
> 令人感到莫大的喜悅，而這只有在擁有私人財產時才
> 能達致。（P 1263a-b）

黑格爾恰如其分地掌握了亞里斯多德的實踐哲學，他宣稱：
亞里斯多德「在相當程度上注意到積極的實體，就是國家，
即實踐精神之必要組織與實現，是經由主觀的活動方能實現
的，這使得後者於其中找到其決定性和目標。」（HP2 207）

一言以蔽之，基於這種心理學的分析，亞里斯多德斷
言：「照顧財產的責任，若被分配到許多人身上，不會導致
彼此的仇恨；相反地，若每個人忙於自身的事務，這會提升
整體的力量。」（P 1263a）他跟著指出柏拉圖的《理想國》是
無法達致上述利益中的任何之一，因為它過度提倡國家的統
一。這意味著隨著對自私的否定導致對自愛的否定，我們在
以自己的財產幫助和施惠於他人時將無法感受到快樂。此
外，亞里斯多德說國家的過度統一化將會「公開地拋棄兩種
德行的實踐——對於女人方面的自制（藉由自制而遠離別人
的妻子是一種善行）與在財富上的慷慨布施。」（P 1263b）關
於慷慨的德行，他補充道：私有財產的消除將意味著無人會
被看成是慷慨的乃至無人可以做出慷慨的行為。理由是：慷
慨只能於財產的使用中實踐。

上述的分析顯示，在亞里斯多德與黑格爾的社會與政治

理論中存在一種「需求的體系」，這是柏拉圖的理論中所欠缺的。不過細察之下我們將會發現需求的體系在亞里斯多德與黑格爾的理論中享有不同的地位。依亞里斯多德，經濟生活的目的在於為倫理生活鋪設基礎。因此經濟活動的範圍是被涵蓋在倫理生活之中的。換言之，這裡經濟生活本身並未得到全幅的展現，自身並不構成一個獨立的領域。無可置疑，在亞里斯多德的理論中，個人目的（telos）之獨特性質決定了其生活需求的界限；而反過來，個人生活需求的界限決定了生活所需的工具之有限性。對於這點，亞里斯多德說：

> 至於論及獲取財富的方法中，有一部分在本性上屬於家務管理的，此中，必須既要準備好又能提供出對於家庭和城邦共同體來說為生活所必須的和有用的物品，這些物品都能夠被儲存起來。它們是財富的真正要素。美好生活所需要的財產並不是沒有限度的，正如梭倫（Solon）在他的詩句中所說：「誰也沒有為人們的財富確立過一個限度。」就像別的技術一樣它也應當有一個確定的限度，因為任何技術的工具都決不會沒有侷限，無論是在數量上還是在大小上，財富就為在家庭或城邦中所使用工具的數量所限定。所以存在著一種自然的有關財富獲取的技術，它由家務管理者和政治家來操作，而為何是如此，也很清楚了。（P

1256b）

如我們在第一章第三節所已論證，黑格爾在概念上把市民社會看成為知性（understanding）的產物。這個領域有其獨立性，雖然在它之上還有更高層次的國家的領域。在市民社會中，政治的經濟，作為現代世界的精神，找到了最充分的表達。（PR 189 節註）依黑格爾，在市民社會中的個體「是私有的人，其目的是他們自身的利益。」而且「這個目的是以普遍為『中介』，因而普遍性顯得是目的實現的手段。」（PR 187 節）這個手段所指的是自由市場的社會程序，此中生活之市民社會中的個人的單一性和自然狀態可以被提升至「認知與意願的形式自由和形式普遍性。」（PR 187 節）這種社會過程在亞里斯多德的社會理論中仍被壓抑的。而隨著黑格爾理論對自由市場的解放，生產工具也從僅僅是作為滿足需求之手段解放出來。正如黑格爾在其 1805/6 的《耶拿講稿》中所指出：

> 在工具以及所犁耕和栽種的田野中，我擁有了一種「可能性」，一種作為普遍物的內容。因此[作為]手段的工具比起欲望的目標具有更高的價值。欲望的目標是特殊的；而工具卻涵蓋了所有這些特殊性。（HHS 103）

在黑格爾研究的領域中，盧卡奇（Georg Lukács）是第

一位學者注意到黑格爾在耶拿時期關於經濟自由主義的思想之出現。基於深刻研究，盧卡奇得出如下的結論：

> ……現代資本主義的問題、布爾喬亞小資產階級的經濟角色、建基於此種經濟歷程而蓬勃發展的現代個人主義——一言以蔽之，黑格爾所理解的資本主義原則，區分了現代與古代的不同。正是這些原則把古代變成過時並化約為一個記憶，一種永不能再重現的過去。所以它們構成了其耶拿時期的歷史哲學之高峰。而且這些原則在他後期體系中一直佔有基礎的地位。[4]

這一古代與現代經濟思想上的差異迫使跟隨福斯特強調亞里斯多德與黑格爾在倫理理想方面的相似性的懷德部明確地區分了亞里斯多德與黑格爾經濟理論的不同。他說：「雖然亞里斯多德的經濟理論對前現代經濟以及與之相應的外貌作出了典範性表達，黑格爾卻是最先對於現代經濟與其市場外貌提供哲學論述的思想家之一。」[5]另外，懷德部跟隨博藍尼（Polanyi）區分了前市場社會與市場社會，他說：「依博藍尼的看法，前市場與市場社會的本質差異在於：前市場社會

---

[4]　Georg Lukács, *The Young Hegel: Studies in the Relations between Dialectics and Economics*, trans. Rodney Livingstone (Cambridge: The MIT Press, 1975), p. 389.

[5]　見其博士論文，"Economics and Ethical Life: A Study of Aristotle and Hegel" (The New School for Social Research, Philosophy, 1977), p. vii.

中之經濟只是『作為部分』（embedded），而市場社會中之
經濟則並非如此。」[6]懷德部還指出：前市場社會把經濟活動
從屬於超經濟目的之後果之一就是那潛在於所有經濟活動之
中，而只有在市場社會中方被解放之擴張主義受制於前期的
社會之中。懷德部也採用韋伯（Max Weber）的理論來證立
下面的觀點：前現代社會中之經濟活動主要是為了保存與再
生傳統生活方式，其結果是並不存在累積的動力，這是說，
經濟活動只不過為習俗上所規約出來的美好生活的觀念服
務。懷德部補充說：這種傳統主義是現代資本主義社會出現
所必須先加以克服的主要障礙之一。

　　前面的陳述清楚顯示：亞里斯多德與黑格爾在認識需求
體系的正面價值上之相似性並不足以可將兩人相提並論。福
斯特與懷德部之所以將兩人連結在一起的主要理由是在於他
們之倫理理想的相似性。福斯特說：

> 作為一個類比，黑格爾的倫理學理論像是把亞里斯多
> 德的倫理學加在康德的道德之上。對康德而言，被亞
> 里斯多德排除於倫理德行的觀念之外的理性的洞見變
> 成幾乎就是道德的全部；幾乎，但不是完全，因為即
> 使對於康德而言，「尊敬」的感覺假若要被實現在行
> 為中它還必須跟隨在對於道德律的理性直觀之後方出

6　　前揭書，p. 6.

現。而黑格爾式的倫理意志則把在康德的「尊敬」之
中已可辨識的萌芽發展成為很像亞里斯多德義的習慣
（Hexis）。[7]

黑格爾的理論之所以具有康德式面相的理由是康德的道德理
論提供了一個能動的道德意志來克服法則的客觀性。藉著這
種主動的道德意志的後起，客觀的法則「不再只是客觀的，
甚或與主體對抗，而是變成一個從內心發出到行動之原
則。」因此之故，福斯特斷言：「這個後起的主動的反應，
對黑格爾而言，乃係道德中實踐性要素的本質；這種把外在
的，或與主體相對抗的變成為內在的思維，或把客觀的東西
變成主觀的舉動就是意志把法則實現成為倫理生活的不可磨
滅之貢獻。」[8]黑格爾的理論之所以具有亞里斯多德的面相的
理由是：依亞里斯多德，習得的傾向（作為倫理教育的結
果）是驅使我們遵守社會規範的主要力量。所以，在亞里斯
多德的理論中，倫理教育涵蘊著個人「獲得了倫理的德行，
僅當他能把[一個外在的權威所規約加諸於個人]的原則吸納
在其靈魂之中，以使到他不再聽從外在的命令，而是基於內
在的精神來決定其行為。」福斯特因而指出：「習得的傾
向，或者習慣，它在亞里斯多德的體系中是德性行為的內在
泉源，同時也是實踐法律的不可或缺的條件，這是相當接近

7　*The Political Philosophies of Plato and Hegel*, pp. 125-6.
8　前揭書，p. 125.

於黑格爾式的倫理意志。」[9]雖然亞里斯多德義的習慣與黑格爾義的倫理意志有所差別：前者既不預設亦不附加一個對於必然性的洞見，這項工作可以交與康德式的道德意志。從上述的說明中我們看到福斯特主張：在黑格爾眼中，亞里斯多德義的習慣與康德式的道德可以互補，這是說，一方的缺點可以被另一方的優點加以補救。

懷德部追隨了福斯特對於黑格爾絕對倫理生活是亞里斯多德倫理學與康德道德的綜合的斷言。他說：

> ……黑格爾的絕對倫理生活代表了亞里斯多德倫理學與康德道德論的一種綜合。根據這個解釋，絕對倫理生活不僅存在於對客觀有效之規範的主觀意願中，而且這種意願還要具備一種習慣性的型式（亞里斯多德）以便客觀有效地消除與主觀傾向之間的對立。[10]

懷德部與福斯特是站在同一個立足點上的。他說：「……黑格爾試圖調和古代和現代理論——以亞里斯多德與康德為代表——的要求，又同時地去避免其各自的缺點。」[11]但是懷德部暗示：福斯特所謂的黑格爾是亞里斯多德與康德的綜合，只是一種簡單的綜合。當懷德部試圖藉著把亞里斯多德與康德倫理學的困境（aporetics）展現為西方倫理傳統的兩大極

9　前揭書。
10　"Economy and Ethical Life: A Study of Aristotle and Hegel," p. 219.
11　前揭書，p. 91.

端來闡明黑格爾的倫理生活的理論時，其立場遠較強硬。他因而宣稱：「把黑格爾解釋成亞里斯多德與康德的簡單綜合的學者未能體認到這個『綜合』是從迴異於兩者的觀點而達致的。」[12]黑格爾的倫理生活超越了康德的道德，這是很明顯的。在黑格爾的眼中，康德的「應該如何」的道德形式是永遠無法被完全實現的。康德的體系從其「抽象的普遍性」到實踐的義務之間並沒有提供任何中介，使到普遍性可以落實於具體的情境之中。此外，依黑格爾的分析，康德的道德理論包含了一個危險：既然道德良知純屬一個主觀的意願，當它直接與「絕對地有效且普遍」之事物或情境相衝突時，它將變成是虛偽的。黑格爾之所以採取倫理生活的觀點，其目的就是要克服康德道德的抽象性。至於緣何黑格爾的倫理生活需要超越其亞里斯多德式的面相，正如懷德部所分析，其理由如下：「希臘倫理生活的無中介性或自然性表現在下面的事實：個人的傾向與群體的要求之間的統一並不以良知的主體性作為中介的。」[13]這是說，習俗性倫理只是簡單地接駁到個人之性格的結構中，而不必經過主觀良知的審判便成為有效。關於此點，黑格爾評論道：

> 在希臘人身上，我們首先看到了德性。德性是倫理，也是獨特的特質。因而德性表現出這樣的現象──倫

12　前揭書。
13　前揭書，p. 97.

理與個人之間的統一乃是自然的，即一方面是倫理
的，另一方面則是獨特的人格、性向、欲求等等。
（VRP4 403）[14]

　　現在，我們並不需要考慮是否在展現黑格爾的倫理生活
的觀念時，懷德部和福斯特真的有所差異。我們至少可以證
實的是：在強調風俗習慣（作為倫理教育的結果）的重要性
方面黑格爾與亞里斯多德是相一致的。但是，福斯特與懷德
部卻沒能顯示在黑格爾著作中究竟哪些段落可以證實這個論
點。他們作出了亞里斯多德與黑格爾有共同面相的如下論
證：

1) 黑格爾尤其批評柏拉圖忽視了主體自由的原則。
2) 黑格爾的倫理生活的觀念來自古希臘。
3) 亞里斯多德強調在社會與政治脈絡中風俗習慣的
　 重要性。
所以，黑格爾「必定」如亞里斯多德般強調風俗習慣
的重要性。

假如在上述論證的前提部分福斯特與懷德部可以顯示出在那
個特定段落黑格爾注意到了習慣的重要性，兩人的說法是可
以成立的，雖然這仍然不能排除柏拉圖也像亞里斯多德與黑

---

[14]　感謝林維杰博士翻譯本段德文引文之初稿。（譯註）

格爾一樣強調風俗習慣重要性的可能性。而正如裴剖查所顯示的，在《法哲學原理》的 150 節中黑格爾確實做出這樣的論點：[15]

> 倫理性的東西，如果在本性所規定的個人性格本身中得到反映，那便是德。這種德，如果僅僅表現為個人單純地適合其所應盡的義務（按照其所處的地位），那就是正直。（PR 150 節）

這個段落相當類似於亞里斯多德的下列論點：「任何依賴於天性而行者在本質上都可以是善的。」（E 1099b）以及「政治科學把主要的精神花在使得市民具備某種品格上面，亦即善良且能實行高貴的行為。」（E 1099b）對於上述觀點，黑格爾加了如下的註釋：

> 一個人必須做些什麼，應該盡些什麼義務，才能成為有德性的人，這在一個「倫理的」社群中是容易見出的：它只須遵循他一己所處的環境中之熟悉的和明確的規則而行。正直則是法律或者習俗所要求於他的一般的性格。（PR 150 節註）

我們可以確定在這段中黑格爾指涉了亞里斯多德的風俗習慣

15　見作者未刊論文，"Hegel's Doctrine of Duty and Virtue", p. 16.本文發表於普渡大學哲學系所舉辦之研討會中（1984?）。

的觀念，因為作出在前述的註釋之後，他跟著說：

> 在一個存在的倫理次序中，其中倫理關係的完整系統
> 已經被建立且實施，真正的德只有在非常環境中以及
> 那些關係的衝突中，才有地位並獲得實現……。

> 因為德是倫理性的原則而應用於特殊物，又因為從這
> 個主觀來看德是某種沒有規定性的東西，所以對德的
> 規定就出現了較多和較少的量的因素。因此對德的考
> 察勢必導致與德相對立的缺點或邪惡。亞里斯多德正
> 是這樣做的，他按照德的正確義涵，把特殊的德規定
> 成為既不過多也不過少的中間物。（PR 150 節註）

在此我們看到黑格爾指涉到亞里斯多德的倫理德行的觀念。
而在他的《哲學史講演錄》中，黑格爾辯護了亞里斯多德的
中庸之道作為倫理德性之判準的原則。他說：

> 美德並不是絕對自身確定的東西，卻也有一種物質性
> 含在其中，這東西由於物質性的本性，乃是可多可少
> 的。這個原理把美德規定為只是兩個極端之間的一個
> 尺度（或者毋寧說一種程度之差）。現在人們當然會
> 責難亞氏這個定義不能令人滿意和不確定，不過這也
> 是事情的本質所決定的。……個別的美德的本質就是
> 屬於這一類的東西，它們是不能更精確地規定的；人
> 們在這個問題上只能有這樣的一般說法，對於它們，

　　不能有比這個不確定的規定更詳細的規定。（HP2 206）
16

這證實了福斯特與懷德部的論點：黑格爾的倫理理論包含了
亞里斯多德所言的風俗習慣。

　　其次，作為探討黑格爾與柏拉圖及亞里斯多德的一致性
的重要部分，我們將試圖顯示黑格爾的《法哲學原理》中包
含著一個善（the good）的理論，這點卻是參與此一辯論之學
者很少注意到的。17在黑格爾的理論中，善有三個面相。在論
及道德的第三部分中他對善的內容作出了如下之分析：

　　就主觀意志來說，善同樣是絕對本質的東西，而主觀
　　意志僅僅以在見解和意圖上符合於善為限，才具有價
　　值和尊嚴。由於善在這裡仍然是善的**抽象的**理念，所
　　以主觀意志尚未被接納於善中，也未被設定為符合善
　　的東西。所以主觀意志對善是處於這樣一種**關係**中，
　　即善**應該**對於主觀意志是一種實體性的東西，也就是
　　說主觀意志應當把善當作其目標並將之完全地實現，
　　同時就善本身而言，善也只有以主觀意志為中介，才

16　譯文參考賀麟、王太慶《哲學史講演錄》之譯本（台北：谷風出版
　　社，1987）。（譯註）
17　只有 Udo Rameil 在其論文 "Sittliches Sein und Subjektivitat"（在
　　Hegel-Studien《黑格爾研究》第 16 冊，1981，pp. 123-62.）中注意到
　　此理論。但是他並未將此理論關聯到此一辯論。

　　進入到實現之中。（PR 131 節）

黑格爾還加上說明：「善的特徵是僅僅從意志的普遍的抽象本質性，亦即義務，而開始的。」（PR 133 節）也就是說，善彰顯本身為「義務的領域」。在此階段，善有兩個特徵。一方面，「善將呈現它自己成為獨特的意志到我的意欲之中而且我將知道它」；另一方面，「我應當我自己說出何者為善而且應當發展出其獨特的明確說明。」（PR 131 節增補）我們可稱此階段的善為客觀的善。依黑格爾，將義務落實為外在的行為是從我們的道德良知而發出的。這是說，客觀善必須經歷我們道德良知的內在化，正如黑格爾所說：「普遍者在此被特徵化為內在的某物，即善的。」（PR 33 節）經過此一內在化，善被提升到一個更高的地位，因為這就可以看到「善基於自身的理由的明確指定，善的獨特化為對自己有所覺知的無限的主體性。」（PR 131 節增補）這種實現在「自我意識的反省」中的善可以被稱為主觀的善。（PR 141 節註）

　　依黑格爾，主觀善與客觀善二者都是「抽象的善」。（PR 144 節）在它們之上必須有一種絕對的善。絕對善是經由主觀善與客觀善的融合而產生的。而絕對善的誕生同時就是倫理生活的誕生。職是之故，黑格爾說：「[客觀]善與[作為主觀善的道德良知的]主觀意志的同一，這是一種具體的而且是二者的真實的同一，是倫理生活。」（PR 141 節）因此，在某種意義下我們也可以說倫理生活代表了主觀善與客觀及絕

對善的統一。所以黑格爾說：「主觀善與客觀及絕對善的統一是倫理生活，而在其中我們發現到符合於概念的調和。」（PR 141 節增補）此外，依黑格爾，倫理生活是自由之理念的實現，在自由的理念之下善成為「活生生」的，因為這裡一方面「善[是]被賦予在自我意識之中，具有認知與意志的功能，而且被自覺的行動所實現」，而另一方面，「自我意識在倫理界中有其絕對的基礎與目的，它讓努力付諸行動。」（PR 142 節）

　　上述是對於黑格爾《法哲學原理》中的善的理論一簡要展示。它似乎是讓我們於善之觀念作為倫理學與政治學之主題上把亞里斯多德與黑格爾關聯起來的一個好的線索。確實，對應於亞里斯多德的下列主張：「任何技藝與任何探索，連同任何行動與追求，被認為是指向某個善；因此善可以被界定為全部事物所指向的東西。」（E 1094a），黑格爾說：「善因而是自由的實現，絕對目的以及世界的目標。」（PR 129 節）在其《尼可馬欽倫理學》中，亞里斯多德說：

　　　　縱然[善的]目的對於個人及國家是相同的，國家的目
　　　　的似乎無論如何在獲得或者保存上都是較為宏大且較
　　　　完全的；雖然僅僅為了一個人達成目的是值得的，但
　　　　是為一個國家或者城邦達成目的是更為良善與神聖。
　　　　這些就是我們的探究所要達成的目標，因為這就是政

治科學，正如這個名詞之意義所顯。（E 1094a）[18]

這段話可以拿來說明何以黑格爾的善理論涵蓋了個人道德與公共倫理兩大領域。這是說，為了說明落實於個人及國家中的善，黑格爾把善區分為三個面相——主觀善指道德良知，而客觀善及絕對善則涉及社會規範及國家的倫理生活。而且亞里斯多德認為「幸福就是符合完美德行之靈魂的活動。」（E 1102a）於政治的脈絡，亞里斯多德甚至說：「[理想國家的原則]要求便利（facility），或幸福，應與善並肩齊步。」[19]當黑格爾說：「缺乏福利之權利並非善」（PR 130 節）時，他明白地把亞里斯多德善與幸福相關聯的觀點納入考慮之中。事實上，於政治的脈絡，黑格爾作出下列暗中指涉到亞里斯多德之觀點的評論：

> 國家是真實的僅僅當其成員有一種他們自身的自我性的感覺，而且國家是穩定的僅僅當公共與私人的目標是一致的。常言道：國家的目的是在於市民的幸福。這是完全地正確。（PR 265 節增補）

以上，我們考量了亞里斯多德與黑格爾在倫理理論方面的相似性。但是這些關於他們的相似部分，對於究竟是柏拉

---

[18] 譯文參考苗力田先生之譯本（台北：知書房，2001）。（譯註）

[19] *The Politics of Aristotle*, trans. Ernest Barker (Oxford: Oxford University Press, 1946), 1329a.

圖或亞里斯多德比較接近黑格爾一爭論並沒有達致任何結論。例如，當柏拉圖說下列的話時，很難說他不是在蘊含著一種風俗習慣的觀念：「若保持好的教育和培養，將會導致產生較好本性的人，而若他們堅守著他們的教育，便會代代相傳地改善其他方面和他們的孩子，正如其他的動物一樣。」（R 424b）而當柏拉圖作出下列聲稱，十分明顯地，他深知於政治的脈絡中快樂的重要性以及快樂對於善之德行的相關性：「無論如何，在建立我們的[好的]城市時，我們的目標不是讓某一個群體特別地快樂，而是儘可能讓全部城市中的人快樂。」（R 420b）因此之故，我們需要考察柏拉圖與黑格爾之間是否存在更加親近關係的可能性。他們二者的關係很可能比亞里斯多德與黑格爾的關係更為親密。以伊爾丁為例，在其〈黑格爾《法哲學原理》的結構〉一文中，雖然起先他主張「眾人共同的行動的終極目標的觀念重新掌握了柏拉圖－亞里斯多德式的善的理念之理論的本質意義」，但在評論《法哲學原理》131 節和 144 節時他卻認為：「倫理生活的理念，亦即在第三部分黑格爾討論現代國家理論的主題，只不過就是作為柏拉圖政治社群理論之基礎的善的理念。」[20]所以，就柏拉圖與亞里斯多德的倫理理論對黑格爾之影響的問題而言，伊爾丁是贊成柏拉圖與黑格爾之間的關聯

---

[20]　見 *Hegel's Political Philosophy: Problems & Perspectives*, ed. Z. A. Pelczynski (Cambridge: Cambridge University Press, 1971), p. 100.

的。

　　裴欽斯基也注意到：黑格爾之靈感及其政治社群之模型的主要來源都可在柏拉圖中找到。《理想國》在黑格爾眼中似乎是一部真正天才的著作同時也是一表達出希臘社會與文化之本質的最深刻理論。裴欽斯基認為，黑格爾尊敬亞里斯多德的形上學家身份，並且在許多方面深受影響。但是黑格爾對其實踐哲學並不重視，因為黑格爾將其主要政治著作看成只是常識但卻是賣弄才華與經驗性的論述。裴欽斯基指出：「在黑格爾的《哲學史講演錄》中，共有二十六頁提到柏拉圖的《理想國》，但是提到亞里斯多德的《政治學》卻不到四頁。」[21]柏拉圖與亞里斯多德的名字出現的次數確實是顯示黑格爾觀念的來源的好證據。在《法哲學原理》中，黑格爾提到柏拉圖的次數比提到亞里斯多德的次數多。不過，這還不能使我們“完全”信服黑格爾倫理生活之觀念源自柏拉圖。我們所需要的是一種概念性的證明：柏拉圖與黑格爾在倫理生活的觀念上確實有著親密的關聯性。

　　殷活的論文〈黑格爾，柏拉圖與希臘的「倫理生活」〉[22]對於柏拉圖與黑格爾在社會與政治哲學方面觀念的關聯性的

21　見其論文 "Political Community and Individual Freedom in Hegel's Philosophy of State," 收於 *The State & Civil Society* (Cambridge: Cambridge University Press, 1984), p. 57.

22　M. J. Inwood, "Hegel, Plato and Greek 'Sittlichkeit,'" 收於 *The State & Civil Society*, pp. 40-54.

問題提供了新的洞見。論文中殷活採用了黑格爾在《哲學史講演錄》中論述柏拉圖的內容來證明柏拉圖的《理想國》與《法哲學原理》之間觀念上的關聯性。在這些哲學史的講演中，我們終於可以確認出黑格爾在《法哲學原理》中所表述的社會與政治哲學的觀念上的來源。實際上，在講演錄中黑格爾關於柏拉圖的論述是對其《法哲學原理》之基本觀念的「**最佳**」解說。首先，在《法哲學原理》中，黑格爾說：「我嘗指出即使柏拉圖的《理想國》一直被當作是一個空泛的理想，在本質上卻是對於希臘倫理生活的本質的一個解釋。」（PR 序言 10）在同一著作的其他地方，黑格爾說：「在其《理想國》中，柏拉圖將倫理生活的實體之理想美與真展現出來。」（PR 185 節註）在講演中，黑格爾進一步說：「當我們這樣看柏拉圖式理念的內涵，便可清楚地得知，柏拉圖事實上按照其實體性模式展現了希臘道德。因為就是希臘的城邦生活構成了柏拉圖的理想國的真正內容。」（HP2 96）因此之故，黑格爾並未把柏拉圖的《理想國》看成一個烏托邦，反而是一個真實的國家。在黑格爾眼中，柏拉圖不是一位沈溺於抽象理論與原則的人，而其愛好真理的心靈認識並展示了真理，而這些真理不是別的，就是他所生活其中的世界之真理，這是一種活在他和希臘人心中的真理。黑格爾指出：「沒有人可以跳離他的時代，時代的精神也就是他的精神。但重點是，要認識到此一精神的內涵。」（HP2 96）與此相類，黑格爾在《法哲學原理》中宣稱：

> 無論什麼事情發生，每個個人都是他的時代的孩子；
> 所以哲學也是它自己的時代。被理解在思想中。幻想
> 一個哲學可以超越它的同時代世界，這就好像幻想一
> 個人能夠超越他的時代，跳躍到羅德島一樣地荒謬。
> （PR 序言 11）

這意謂著我們應當「認識理性是現在（the present）之十字架
上的玫瑰，因而能享受現在，這是能夠將我們協調至現實之
中的理性的洞見。」（PR 序言 12）這也是何以黑格爾會說：
**「凡是合乎理性的都是現實的；凡是現實的都是合乎理性
的。」**（PR 序言 10）的理由。這些要旨也清楚地顯示在他關
於柏拉圖之《理想國》的講錄中：

> 當一個理想由於理念、由於概念而有其本身的真理性
> 時，它便不是幻想，而是真實的。這樣的理想也不是
> 空虛的、軟弱無力的，而是現實的。真實的理想並非
> 應該是現實的，而乃是現實的，並且是唯一現實的東
> 西。（HP2 95）

其次，基於理想與現實同一性的根本觀念，黑格爾察覺
到一個憲法作為「民族精神」之具體表達，縱然對於某一個
民族是完美的，但不會對於每個國家都是適當的。在黑格爾
眼中，由於共同實踐的道德形成了活生生的憲法，抽象的憲
法便不可以獨立地被思考：它必須將它自己與共同的道德有

所關聯,而為民族的活生生的精神所充實。黑格爾於是獲得下列的結論:「因此絕不可以說一種真正的憲法可以適合於每一個國家。例如對於依洛克人、俄羅斯人、法國人這樣的人,情形便是如此,並不是每一種憲法都可以被採用。」(HP2 97)在他的《法哲學原理》中可以找到一個和這段話同調的段落。

> 國家必須在它的憲法中貫串著一切關係。例如拿破崙想要先驗地給予西班牙人一種國家憲法,但事情搞得夠糟的。其實,憲法不是單純地被製造出來的東西,它是許多世紀的作品,它是理念,是合理性的意識,只要此一憲法是在某一民族中發展出來的。因此,沒有一種憲法僅僅是單由其國民製造出來的。拿破崙所給予西班牙人的憲法,比他們以前所有的更為合乎理性,但是它畢竟顯得對他們格格不入,結果碰了釘子而回頭,這是因為他們還沒有被教化到這樣高的水準。一個民族的憲法必須體現這一民族對自己權利和地位的情感,否則憲法只能在外部存在著,沒有任何意義和價值。(PR 274 節增補)

依據黑格爾,一憲法表達了對國家在其自己的意識。如果一個國家不再接受其憲法所隱含的真理為真,也就是說,若國家「觀念」(Notion)之意識與其現實並不同一,那末,這個國家的心靈就被撕裂了。因此,認識到什麼是真實的憲法

至為重要的。黑格爾認為哲學能夠洞識真實的憲法。他指出：「當洞識成為普遍時，則國家即使出現革命，也不涉及劇烈的暴力。」（HP2 98）鑑於下列的事實：「形成柏拉圖理想國的基礎的主要思想，與可以被認為是普遍的希臘道德的原則的東西是相同的，即所建立的道德基本上是實質性關係（the relation of the substantial），可以被奉為神聖的，」（HP2 98）黑格爾暗示柏拉圖的政治理論是第一個也是最好的能夠洞見真實憲法之本質的理論。的確，從希臘城邦生活的角度看來，稍後出現的主體自由原則，變成一種破壞性的力量，因為它與希臘人傳統的道德和常規之法律既不同質也不相協調。因而，黑格爾說：

> 柏拉圖認識並理解了他的時代的真精神，並且給予確切的規定和發揮，因而他排斥了這個新的原則，並使之在他的理想國裡成為不可能。所以柏拉圖是採取了一個真實的觀點，因為他是以他的時代的真實之物作為基礎；不過這觀點也只是相對地如此，因為那只是希臘人的觀點，而他是有意識地排斥了新近的[主體自由的]原則。這就是柏拉圖關於國家的理想的一般概念，我們必須從這個觀點出發去考察它。（HP2 99）[23]

第三，如同在《法哲學原理》，黑格爾在關於柏拉圖之

---

[23]　譯文依中譯本稍加修改，[主體自由的]係譯者所加。（譯註）

《理想國》之演講錄中對於古代希臘生活的倫理實體所作的
反省，為他自己所提出之現代國家的倫理生活的理論提供了
一個背景。黑格爾首先指出下列的事實：「蘇格拉底開始提
倡的[主體自由]的原則先前只是以次要的地位出現。現在它
必然地成為了一甚至絕對的原則，這也是理念本身的一必然
的環節。」（HP2 114）[其次]，在勾劃現代精神時，他說：
「在現代國家中人們有了良心的自由，準此每一個人有權利
要求順從他一己的興趣；可是這受到柏拉圖國家的理念之排
斥。」（HP2 99）依黑格爾，在柏拉圖的理論中，所有個人的
特殊性「都被消融至普遍性中」（HP2 109），這表示，柏拉圖
的理論缺乏一個法律權利的理論，保障個人得以和普遍之事
務相對立。（HP2 99）在黑格爾的眼中，主體自由的精神首見
於蘇格拉底（Socrates）的道德教導中，然後在基督教中甦醒
起來，最終在盧梭的契約論中達到高峰。因而，黑格爾說：
「與柏拉圖的原則相對立的是個體的自覺性自由意志原則，
這原則後來特別被盧梭提到很高的地位：主張個體本身的任
意抉擇即個體的外在表達是必然的。」（HP2 115）這種嶄新精
神最明顯和正面的應用表現於對私人財產具有法律權利之確
認上。在黑格爾的眼中，「私人財產是屬於我這個個人的所
有物，由於有了財產，我這個個人本身才取得存在，取得現
實性。」而且「唯有個人有了財產，他才有自由。」（HP2
111）黑格爾又指出：於現代中，真實理念的每個環節「都應
該是充分實現出來的、得到具體體現的、自身獨立的」（HP2

113），雖然其獨立性對於心靈而言是一個被揚棄的東西。所以，與「國家、全體必須浸透（pervade）一切」的同時，「公道的形式原則作為人格的抽象的共性，而以個人的權利作為現存的內容，亦必須浸透全體。」（HP2 113）這便造成了現代世界大大地超越古代世界。職是之故，這是為何黑格爾必須為其本身的時代提出一個與此不同之倫理生活的理論。

上述的三點足以證成柏拉圖的《理想國》與黑格爾的《法哲學原理》在觀念上的關聯性。殷活在其論文中也注意到這三點。不過，是這三點僅觸及黑格爾理論的產生來源。這是說，它們環繞著黑格爾與其時代的關係，但卻未觸及黑格爾社會存有論的根本理念與基本架構。殷活的論文沒有免除這個嚴重的缺點。下面我們將試圖顯示：在其討論柏拉圖的講錄中，黑格爾實際上已經通過對柏拉圖《理想國》的解釋來建構出其社會存有論的根本理念與基本架構。在《法哲學原理》中，黑格爾說：

> 對於權利（法）的哲學探究的題材內容是權利（法）的理念，亦即，權利（法）的概念以及此等概念之實現。（PR 1 節）

在補述中，黑格爾指出：「權利的理念是自由，若這個理念要被真實地理解，它必須從其概念以及此概念的確定的存在中去加以認識。」（PR 1 節增補）黑格爾認為，自由意志的理念之發展構成了權利或公道的系統。而從抽象權利經由道德

再到倫理生活的移動則是「讓它們跳脫於題材內容本身成為理念發展的環節的不同階段。」（PR 33 節註）但是在黑格爾眼中，意志只有於通過一種自我中介的活動而回到它自身時才能成為一個意志。（PR 7 節註）也就是說，「潛能成為全然外顯的意志才是真正無限的，因為它是它本身的對象，因而這個對象對它說來既不是一個他物也不是界限；相反地，在其對象中這種意志只是返回到自身而已。」（PR 22 節）

可以見出：所有這些要點都在黑格爾哲學史講錄述及柏拉圖之處明確地表達出來。黑格爾首先指出：「柏拉圖的『絕對』，由於本身是一，並與自身同一，乃是自身具體的東西。它是一種運動，一種自己回復到自己，並且永恆地在自身之內的東西。」（HP2 30）這是說，柏拉圖堅持理念應當實現於存在之中，雖然它是「自我決定的，或者說是自我同一。」（HP2 68）其次，對於柏拉圖理念的現實性決定，黑格爾作出以下之評述：

> 從這種對於哲學的定義裡面，我們立刻可以大概看見人們談論得很多的柏拉圖的理念是什麼了。理念不是別的，只是普遍性，而這種普遍性又不能被了解為形式的普遍性，它僅僅是事物的一個性質，而是既隱然又顯然地存在之物。是真實，是唯一具有真理性的東西。……
>
> 蘇格拉底所開始的工作是由柏拉圖完成了。柏氏認為

> 只有普遍性、理念、善是本質性的東西。通過對於理
> 念界的表述，柏拉圖打開了理智的世界。理念並不在
> 現實界的彼岸，在天上，在另一個地方，正相反，理
> 念就是現實世界。（HP2 29）

這又相應於黑格爾對《法哲學原理》第一節的解釋：「概念
在它實現化過程中所採取的形態，對概念本身的認識上是必
需的，這種形態是理念的又一個本質的環節，它同單單作為
概念而存在的形式是有區別的。」（PR 1 節註）在此黑格爾所
作之補述是：概念並非僅僅是知性的抽象範疇；用柏拉圖的
術語來說，它不是抽象的普遍性，而是具體的普遍性。的
確，在黑格爾看來，柏拉圖和他自己一樣肯定：理念之現實
決定的結果就是自由的世界。依據黑格爾，柏拉圖所理解的
理念蘊含下列的看法：「自由只在於回復到自身中，無差別
性的東西乃是無生命的東西；因此那活動的、有生命的、具
體的普遍性乃是自己在自身中發生差異，並在差異中保持自
由。」（HP2 67）事實上，黑格爾是稱讚柏拉圖的，因而說：
「柏拉圖真正的思辯的偉大性之所在，他在哲學史上、亦即
一般地在世界史上劃時代的貢獻，是他對於理念的明確規
定，……這種關於理念的知識在幾百年後一般地是醞釀成世
界歷史和形成人類精神生活的新型態的基本因素。」（HP2
53）我們可以看到：黑格爾把他在《法哲學原理》的工作看
成不外是跟隨柏拉圖來顯示蘊含在意志自由之理念中的權利

的內容。在另一處，黑格爾重申地說：

> 一般說來權利的基礎是心靈；它的確定的地位和出發
> 點是意志。意志是自由的，所以自由既是權利的實體
> 也是其目標，而權利的系統不外是落實的自由的領
> 域，是心靈的世界以第二自然的身份而出現。（PR 4
> 節）

在黑格爾看來，單純的自然狀態缺乏了「公道」（PR 49 節
註），「理性和自由」（PR 168 節註）。所有這些要點都被包含
在黑格爾關於柏拉圖《理想國》的講演中。黑格爾說：

> 在自然狀態中，所謂公道是指個人所有的、為個人而
> 有的公道而言；而社會和國家的條件僅僅被認作為個
> 人的工具，而個人才是主要的目標與對象。反之，柏
> 拉圖以實體性的、普遍性的東西作為基礎，甚至認為
> 個人必須以普遍性的東西為他的目的、為他的倫理、
> 為他的精神，並且認為個人的意志、行為、生活、享
> 受都是為了國家，而國家便是它的第二自然、他的習
> 慣、他的倫理。這個倫理的實體構成個體的精神、生
> 命和本質，是個體的基礎，它把自身系統化在一個活
> 生生的有機的全體裡，並且同時把自身分化在它的各
> 個組成部分中，而這些組成部分的活動正是為了產生
> 全體。（HP2 93）

依據黑格爾的解釋，柏拉圖第二自然的觀念是根據於下面的立場：「自然之事物是應當被心靈所揚棄的，而自然狀態的公道僅僅可以以心靈的絕對不公道的姿態出現。」（HP2 92）對比於包含真正的精神的國家，自然公道的精神僅僅是抽象而隱含的。在黑格爾的眼中，柏拉圖認為公道只有在人成為一個國家的成員的情形下才能被實現，因為只有在國家中公道方存在於現實及真理之中。

我們於是看到黑格爾通過解釋柏拉圖的公道的觀念而發展出其《法哲學原理》的基本觀念。從黑格爾的觀點來看，柏拉圖十分清楚「公道，非作為知性，而是作為努力實現自我的心靈，是此時此地自由的存在，是自覺之物的現實性，在其自身且與其自身合一的睿智的存在。」（HP2 91-2）值得注意的是，此處的要旨是自由而理性的意志的自我決定的結果就是「自由的法律」（laws of freedom），這是黑格爾《法哲學原理》中一個主要論點。事實上，柏拉圖的心靈哲學被黑格爾本人看成是客觀精神的第一個哲學理論，而且也是他自己的《法哲學原理》的直接先導者。

（張展源譯）

第二節　善之理念與自由意志之理念

於上一節中，我們得知黑格爾確實把柏拉圖的《理想國》視為他自己的社會及政治哲學的模型。不過，我們也應

當承認，在其關於柏拉圖的講錄中，黑格爾已經把歷史上的柏拉圖「黑格爾化」了。這是說，黑格爾透過他自己的社會及政治理論來解讀柏拉圖的《理想國》。因此十分自然地，在講錄中出現不外是黑格爾眼中之柏拉圖形象。這樣一來，可以得出一個結論：我們前面論證黑格爾與柏拉圖有實際觀念上的連結之發現「只是主觀的」。這是說，這個主觀的發現把黑格爾是否忠實於柏拉圖理論的問題棄置一旁。當然這個發現已經足以讓我們相信黑格爾的社會與政治哲學確實是受到柏拉圖《理想國》的啟發的。但是這種啟發還是建立在黑格爾對柏拉圖《理想國》的解讀上。所以我們仍然不能確定柏拉圖的《理想國》本身是否確實包含了與黑格爾的《法哲學原理》相同的社會與政治觀念。這意謂在有關柏拉圖與黑格爾觀念的關聯性一問題上，我們仍然需要一個具有客觀性的決定。為了達成這項任務，我們需要以我們自己的方式來閱讀柏拉圖的《理想國》。若結果顯示出一客觀性的決定，那末前面的主觀性的發現將會變得更有意義。

在瞭解柏拉圖的社會與政治的理論時，我們所關注之最重要事情就是：善的理念乃係社會與政治結構的存有論基礎和根源。但是大多數的學者卻把公道視為柏拉圖理論的主要觀念。[24]他們都只把注意力集中於柏拉圖的下列觀念：一公道

---

[24]　甚至裴欽斯基也抱持這種看法，見其論文 "Political Community and Individual Freedom in Hegel's Philosophy of State," 收於 *The State & Civil Society*，第 58 頁。

的社會結構意指這樣的一種結構，在其中所有我們心靈的德性都得到其恰當的實現。福斯特因而將柏拉圖的公道與黑格爾的自由意志相提並論，並達致下列的結論：兩者的社會與政治理論存有重大的差異。可是事實上，就公道的觀念而論，柏拉圖與亞里斯多德並沒有多大的差異；後者確實認為「公道的德性是國家的一個特徵；因為公道是政治社群的安排，而公道的意義決定什麼是公道的。」（P 1253a）所以，若福斯特的立場是正確的，那末我們也可以將亞里斯多德的公道與黑格爾的自由意志作相提並論。

不過，柏拉圖的哲學主張目的是引導我們過一種經過反思的生活。這是說，必須對社會生活中的德性的行為擁有自覺性的知識。對柏拉圖而言，認識某事意謂著是要認識作為此事物的存有論的起源之理型。這有一個重要的義涵：要達到公道卻對公道的理型及作為其起源的善的理念缺乏自覺性的知識，則只能達到不完備義的公道。所以，善的理念是達到公道的必要條件：實際上一公道的社會結構是建基於下列的事實上：這一社會的領導者必須對於作為這個社會的公道結構的存有論的基礎之善的理念具有一些哲學知識。而為了讓這一社會獲得公道的德性，其領導者必須維持其結構符合善的理念。職是之故，耐特許（R. L. Nettleship）在其《柏拉圖理想國講演錄》中作了如下的論述：

　　領導者若非他對公道的善有所瞭解，將會是差勁的領

導者。除非一個人知道種種不同的善之所以為善的原因，對於這些善他所擁有的僅是意見而不是知識。善的知識將能夠把所有尚未臻於完善的道德的理念提升到完滿的階段。[25]

若我們進一步分析，將會發現善同時是：一、生活的目的，亦即，全部欲求與渴望的最高目標（這點也是亞里斯多德所強調的）；二、知識的條件，或者是讓世界和人類的心靈成為可理解的；第三、創造和維持世界的原因。[26]職是之故，《理想國》以太陽作為善的隱喻。太陽不僅使得對象能被看見；且還「令到它們產生、增長、與獲得營養，即使它本身並不是生成的過程。」（R 509b）關於善作為真理、公道、美以及存在的原因，柏拉圖說：

> ……這個給予認知對象以真理、給予認知主體以認識能力的東西，就是善的理念。它是知識和真理的原因。真理和知識都是美的，但善的理念比這兩者更美。（R 508e）

> ……知識的對象不僅從善獲得其可知性，而且從善得到它們自己的真實存在，雖然善本身不是一存有物，

25　R. L. Nettleship, *Lectures on the Republic of Plato* (New York: St. Martin's Press, 1968), p. 217.

26　前揭書，p. 218.

但在地位和能力上都高於任何存有物。（R509b）

……在睿智界中最後所能看見的，而且是要花很大的
努力才能最終得見的乃是善的理念。在看見它時，便
會確定它是世界中一切正確和美的東西之原因，而在
世界中創造光和光源，在睿智界中它本身就是真理和
理性的決定性泉源。（R 517c）[27]

　　善與太陽的隱喻性關聯對我們說明柏拉圖與亞里斯多德
的差異上是非常重要。從柏拉圖的觀點來看，與其說有生命
的東西是「為」太陽而活，不如說有生命的東西是「**通過**」
太陽而存在。亞里斯多德把善視作是一倫理的「**目標**」；而
不把它看成為一種存有論的根源。與此相對，柏拉圖的善的
理型則同時是一倫理的目標和存有論的根源，正如伊爾丁所
指出：「柏拉圖卻把善的理念不僅視為所有的人類行為之最
終目的，……而且還視為所有存有者的最終目的與根源。」
（PRHB 305）在柏拉圖看來，作為真理、公道、美和存在的原
因，善的理型扮演了作為市民生活的存有論基礎的關鍵性角
色。只有在具備此等認知下，一個城邦「才算是被治理得像
一清醒的現實，而非像在睡夢中。」（R 520c）

　　從前面的解說中我們看到：就公道與善的理型關係而

27　譯文參考了郭斌和、張竹明之譯本（北京：商務出版社，1978）。
　　（譯註）

言，善的理型的客觀向度就是公道的社會結構。依柏拉圖，一個好的國家需要具備四種基本德性：節制、勇敢、睿智和公道。而只有在一個公道的社會中其他三德方能恰如其份地落實。正如柏拉圖所描述：

> 我認為，於考察過節制、勇敢和睿智之後，在我們城邦裡剩下的就是公道這個品質了。只有它能夠使節制、勇敢、睿智在城邦產生，之後又一直維持它們的存在。我們也可以說：當找到了前三者，公道便在其中了。（R 433b）

既然「公道存在於善的城市」（R 434e），一個善的城市就是一個公道的城市。由此可見：對柏拉圖來說，一個公道社會之被建立，代表了具備睿智之德性的階級擁有了達成一個公道的社會之善的知識。許多學者的注意力都集中放在柏拉圖的下列敘述：

> 在建立我們這個國家的時候，我們曾經規定一個總的原則。我想這條原則或相類的原則就是公道。我們曾說過，我們所創下且經常重覆的原則就是：每個人必須在國家執行一種最適合其天性的職務。（R 433a）

這樣一來，在辯論柏拉圖、亞里斯多德與黑格爾的關係的過程中，這些學者都未能仔細地考慮下面的事實：柏拉圖的善的理型為社會的公道結構提供了一存有論的基礎與根源。換

言之，他們都直接把公道視為柏拉圖《理想國》的主要觀念，從而將柏拉圖的公道與黑格爾的自由意志相提並論，最終得出了以下之結論：兩者是分道揚鑣的。

在柏拉圖的社會中，有三種階級要實現以下三種主要的社會工作：生產、作戰、和管理。依柏拉圖的分析，人類的心靈是由三種部分組成：欲望、精神、和理性。而心靈的這三個部分和社會的三個階級是相對應的。基於這種對應，柏拉圖推論出心靈與國家在概念上之同一性。關於此點，巴克（Ernest Barker）解說道：

> 在建構理想國家以解說心靈的本質時，柏拉圖預先假設了某種心理學。在一定程度上他犯了循環論證的謬誤。理想國是一心靈的產物，它的建構是沿著把心靈視為三重組合物的觀念所建議出的路線而行。[28]

由此可見：人類的各種制度只不過是其心靈的種種表現；簡言之，其制度不外就是其觀念。法律是其思想的部分，而公道是其心靈的一種習慣。這種視國家為心靈產物的觀念從來不曾被亞里斯多德所採用。黑格爾在其《法哲學原理》中跟隨柏拉圖方發展出此一論點。我們稍後會對這一論點提供一種證明；現在我們先對柏拉圖的看法作進一步之檢視。在柏

---

[28] 見其著作，*The Political Thought of Plato and Aristotle* (New York: Dover Publications, Inc., 1959), pp. 103-4.

拉圖的《理想國》中，與此一論點相關的代表性言論如下：

> 現在讓我們來完成這項界定公道的工作。如果我們把
> 公道放在一較大的脈絡來考察，那末我們就能比較容
> 易地看出公道在個人身上之表現。我們曾認為這大脈
> 絡就是城邦。因此我們要盡可能建立出一最好的城
> 邦。十分清楚，只有在這一好的國家中公道方能存
> 在。而當我們把城邦發現之公道對比於個人時，假若
> 兩者是一致的，那便行了。但是如果個人方面之公道
> 與之有所不同，則我們必須回到城邦來考察這種關於
> 公道的新觀念。通過這種比較研究，相互對比，便可
> 以擦出火花，讓我們照見了公道，而當它這樣顯露出
> 來時，我們要將之牢記在心。（R 434d-435a）

可以確定的是：對柏拉圖而言，「我們每個人自身之中都具
有與城邦相同的部分和特徵」；若非如此，「它們能從何處
產生？」（R 435e）柏拉圖同時說：「有多少種類型的心靈，
就有多少種特定形式的政府。」（R 445c）由於國家是心靈的
產物，公道作為個人的本質與公道作為城邦的本質是完全相
同的（R 444a），兩者同樣都以善的理念作為它們的存有論基
礎。

　　就社會與政治哲學而論，黑格爾的思惟模式是接近於柏
拉圖的。當然黑格爾同時主張自由意志是社會的公道結構的
存有論基礎與根源。即使在黑格爾早期，特別是其 1803 年的

《德意志憲法》（*German Constitution*）就出現了下列朦朧概念：「國家的權力與個體的權力和自由意志是同一個東西。」（HPW 189）由此以降，即使他對自由意志的觀念在不同時期有所差異，他都把自己納入堅持心靈與國家同一性的脈絡中。當黑格爾說：倫理的整體（Sittlich Totalität）就是自由意志的必然的表達時，便指出：

> 自由必須存在，這不是偶然的，而乃係必然的。自由是實在的（wirklich），這就是其團體本身在其自己。
>
> （PRHB 127 節註）

對於此一段文字，伊爾丁作出如下之評論：

> 從形式上來說，黑格爾這裡……所說的思辨必然性，首先是一種假設的必然性……。一個概念開展的思辨性表現，便因而預設一全幅開展的概念（「理念」）。僅當這個被預設的理念並非受其他條件所制約，而是一個如柏拉圖的「善的理念」（ἀνυπόθετον，參考柏拉圖全集 VI，510b7）之無條件物，思辨性表現中的假設必然性會變成一個絕對必然性。眾所周知，黑格爾事實上把這個絕對必然性提升到其思辨性表現之層次。這意謂就其立場而言，這是一種「絕對理念」的展開，根本不允許任何進一步之相對化；否則，這種立場便會容許所有其他相對性出

現了。（PRHB 330）

伊爾丁的評論暗示著：黑格爾的意志之自由的理念和柏拉圖的善的理念擁有相同的概念上地位；兩者都扮演著絕對而非受制約的理念之角色，而其他受制約的、相對的概念或德性則是經由此一理念而發展出來和得到解釋的。柏拉圖的善和黑格爾的自由意志二者同樣都必須表達自身為社會及政治的結構。這種「表達」同時是它們的存有論上的發展或進步。

溫飛爾（R. D. Winfield）是另外一位明確瞭解到黑格爾社會存有論建基於在自由意志之觀念的學者。溫飛爾之看法表達見諸他為尤亞謙・里特爾（Joachim Litter）的《黑格爾與法國大革命》（*Hegel and the French Revolution*）一書英譯本的導論中。溫飛爾指出里特爾率先強調黑格爾把自由意志視為公道結構的存有論根源。實際上，溫飛爾本人對此一論題的展示比里特爾者來得還要清楚。現讓我們考察一下溫飛爾的看法：

> 黑格爾的法哲學與眾不同之處在於是它能通過自由來建立與規定公道，但這不是通過將自由預設為公道之先驗原則的方法，而乃係將公道的制度（the structures of justice）本身發展成自由的建構性現實（constitutive

reality）。[29]

溫飛爾從而指出：黑格爾的自由學說有三個基本的論點。首先，自由是公道獨一無二的實體與內容。除此之外，沒有別

---

[29] Joachim Ritter, *Hegel and the French Revolution*, trans. R. D. Winfield (Cambridge: The MIT Press, 1982), p. 2。值得指出：黑格爾將自由、意志、及自由意志三者劃上等號。這是其有進於康德道德理論之處。十分明顯，黑格爾修改了康德道德理論中自由和意志的關係，因為他全面地把自由與意志等同起來。這意謂著，對於黑格爾，意志是一個已經存在的事實。黑格爾宣稱：

> 我的意思是：自由作為意志的一個根本的性質，就像重量對於物體一樣。若我們說：物質是「重的」，我們也許意謂這個謂詞僅僅是偶然的；但事實顯非如此，因為沒有物質是無重量的。實際上物質就是重量本身。重量性構成了物體本身。自由與意志的關係也是如此，因為自由的東西就是意志。沒有自由之意志是個空的字眼，而只有作為意志，作為主體自由才是真實的。（PR 4 節增補）

所以，為了獲得意志的自由，我們不需要實踐理性和道德律之保證和介入。康德說：「若預設意志的自由，它[道德律]便變成分析的；但是要做到這點，需要一種智的直覺作為一個積極的概念，不過我們無法假定它。」（C2 31）黑格爾也沒有提到智的直覺一觀念。他只是把自由意志鋪陳為一種已經存在的基礎，從它推導出道德來作為其結果。關於這一點，黑格爾說：

> 道德的觀點是意志的觀點，它不僅在其自身之中，也是為其自身，是無限的。……自覺到其自由且被決定為主觀的意志在開頭僅僅只是概念，但它自身擁有確定的存在以便能以理念的姿態而存在。道德的觀點因而成形為主觀意志的權利。（PR 107 節）

從這段文字，我們看到道德並不具有把意志決定為自由的責任；相反的，已經存在的自由意志讓道德成為可能。這是從康德的《實踐理性批判》到黑格爾的《法哲學原理》的一個在道德理論上的概念上的革命。黑格爾倒轉了康德道德論證的次序。康德從道德律來導出意志的自由，而黑格爾卻直接承認自由意志之存在，並從它導出道德律。

的東西可以為行動提供規範的有效性。[30]其次，自由既非一種
自然所賦予的官能，也非自我的一種能力，而是個人之間互
動的一種結構，在其中每個人的自我決定經由相互承認與尊
重和別人的自我決定在本質上是相關連的。這樣一來，自由
不是公道的一個原則，而是公道本身的一個真實建構物，因
為它存在於同心協力、相互尊敬之自由人之間之自由的真實
運作之中。[31]第三，自由的互動不是一種單一的相互關係，與
自然形成的體制共同存在，而是一種權利的體系，它把所有
的實踐關係都包含進來作為自由的決定狀態。個人、財產、
道德、家庭、市民社會、乃至國家的公道考量都被涵蓋在此
體系中。[32]所有這些觀察都指陳了一個事實：黑格爾的柏拉圖
式思維把意志的自由視為倫理規範的公道結構的存有論基礎
與根源。在《法哲學原理》中，不少敘述似乎都在暗示此一
論點，以下是兩個例子：

> 任何種類的存在體，只要它把自由意志具體化，這就
> 是權利所存在之處。權利因此基於定義就是作為理念
> 的自由。（PR 29 節）

> 僅僅因為權利是絕對概念或者自覺之自由的具體化，
> 它便是某種神聖的事物。但是，權利的（以及義務

30　前揭書，第 3 頁。
31　前揭書，第 5 頁。
32　前揭書，第 6-7 頁。

的）特有的形式上的特性在自由概念的發展過程的某
個特殊階段中將會出現。（PR 30 節）

在黑格爾的眼中，政治國家代表了公道結構的最完美形
構。換言之，國家的政治體制使公道結構達致其完美的狀
態，理由是：「理性的自由經由國家的有機體而獲得存
在。」（HP2 105）毫無疑問，依黑格爾，當心靈將其內容發展
和擴充成為一種自覺的結構時便產生國家。職是之故，黑格
爾說：

> 國家是倫理理念的實現，它是倫理的心靈顯示為實體
> 性意志（substantial will），而此意志對其自身是明白
> 的、自我顯示的，能思考自身和知道自身，並完成一
> 切它所知道的，而且只是完成它所知道的。（PR 257
> 節）

> 國家是絕對地理性的東西，因為它是實體性意志的現
> 實。國家在其特有的自我意識中擁有此實體性意志，
> 只要該意識被提升到對其自身之普遍性有所意識之
> 時。（PR 258 節）

在柏拉圖將國家建基於善的理念與黑格爾將國家建基於
自由意志的過程中，理性至居關鍵，這證明了國家是一個理
性的組織。因而在闡釋柏拉圖的《理想國》時，巴克強調：

國家的最高組織是一個理性的組織。[33]理性促使統治者和軍人認識、喜愛、因而保衛國家。黑格爾於此點上與柏拉圖毫無二致,他說:

> 這本書包含著國家的學問,其目的是要來把國家掌握並描繪成為某種內在地合理的東西。……去瞭解什麼東西存在,這是哲學的任務,因為若有什麼東西存在,它就是理性。(PR 序言 11)

我們同時見出:與康德的自由意志相對照,黑格爾的自由意志不是一個道德的主體性原理。康德的自由意志實際上只不過是一個規約性的道德原理。其功能旨在規範道德活動。對政治體制而言,康德的自由意志僅僅是一個靜態的原理,作為釐定公共法令之標準。換言之,它是社會中一切客觀活動所必須要滿足的一個形式條件。它不像於黑格爾理論中是個發生或創造的泉源。溫飛爾下列的解釋清楚地顯示了這個要點:

> 黑格爾的法哲學在下列兩種意義下可以被理解成一種對於康德理論的「揚棄」,一是其一己之架構可以一內在的途徑從康德理論所有之兩難中解放出來;另一是通過將康德的觀點收納進來成為自由的現實化過程

33　*The Political Thought of Plato and Aristotle*, p. 110.

中的次要元素之方式來超越康德的理論。[34]

通過以下之洞見黑格爾得以超越實踐理性而走向互動
（interaction）：只有當自由意志與別人的意志相互關
連，且只有在這種關聯上，自由意志才可以自主地行
動，而獨立於內在的欲望或理性以及外在的環境。[35]

實際上，在黑格爾的眼中，自由意志負擔了公道結構的
存有論基礎與根源的角色。通過其自身的行動，自由意志在
國家的政治體制之中設立公道結構作為道德與法律的基礎，
因而黑格爾說：「意志是自由的，所以自由同時是法的實體
及其目標，而權利的系統就是被實現為真的自由的領域。」
（PR 4 節）。這可支持黑格爾在哲學史講演中對柏拉圖《理想
國》的解釋：「因為由於自由和理性的意志是自律的，所以
便有自由的律法存在；但是這些律法不外就是國家的法律，
因為國家的觀念就蘊含著能夠思考的意志的存在。」（HP2
92）依黑格爾，自由意志一理念有兩個環節：首個環節見諸
理念由隱含狀態到明顯狀態的發展過程中所結晶出來的概
念，而另一環節則是在此發展過程中所出現的形狀
（shapes）。這一概念就是自由意志一理念實現於社會與政
治結構的領域中之理性或自然的法則，而那些不同形狀則是

[34] *Hegel and the French Revolution*, p. 7.
[35] 前揭書，p. 8.

在此一領域中的各種體系與制度。自由意志的理想是創造性，而其發展代表了這種創造力的無休止過程。理性的法則及由之所理性化的社會體系或政治制度全都是自由意志一理念的發展結果，正如黑格爾所說：「權利與倫理學、以及公道與倫理生活的現實世界，都是通過思想來理解；通過思想它們贏得了理性的形式，亦即普遍性與規定性。」（PR 序言 7）這點讓我們瞭解到以下黑格爾於解釋柏拉圖《理想國》時所形成的見解顯得更加重要：「心靈在其整體中為其自身建構了法律作為其自由之存在的證據。」（HP2 92）

　　以上所述可以當作證明柏拉圖《理想國》與黑格爾《法哲學原理》之間存在緊密概念連結的客觀證據。以下，我們將立足於此一結論來檢視福斯特與懷德部的主張。我們也將考究柏拉圖與黑格爾社會存有論之間的另一相似性和相對細微之差別。從前面已可見出柏拉圖與黑格爾分享同一種基本思維模式。以此為準，我們認為只有當康德式自由意志產生道德律之能力能擴及倫理規範之產生時，福斯特與懷德部之將黑格爾的倫理生活視為亞里斯多德的倫理與康德的道德生成之綜合的主張才具有意義。但問題是：在此擴充過程中，康德式自由意志必失去其政治情境中的概念特性，也必然將其軌約的功能轉化為建構的功能。此外，即使將亞里斯多德的倫理與康德的道德綜合起來，我們仍然無法達致黑格爾的立場：自由意志為人們的倫理生活中社會體系與國家政治制度提供一理性的形式作為存有論的基礎。如此一來，肯定黑

格爾的倫理生活為亞里斯多德的倫理與康德的道德之綜合的較佳方法，是主張**此種綜合乃係在柏拉圖式精神中開展**，那就是心靈與國家同一。

如福斯特與懷德部所斷言，說活在黑格爾義倫理生活中的個體同時具有（康德式）道德尊敬（Respekt）與（亞里斯多德式）風俗習慣（Hexis）兩特徵可以使人信服。同樣清楚的是：在黑格爾的社會與政治理論中，有一個從道德尊敬到風俗習慣的持續發展關係。但是，**這卻不足以支持黑格爾的倫理生活僅只不過是康德式道德與亞里斯多德式倫理的綜合之結論**。若不將之放置於柏拉圖的思維模式之下，使得理性的心靈能成為國家社會和政治結構的存有論基礎，則此綜合將只會是一個庸俗的社會倫理心理理論，除了教導社會成員的道德情感如何培養，使到他們懂得珍愛與它一致的情感與行為之外，便毫無成就。依黑格爾的判準，此種庸俗的社會倫理心理學理論是極端實證主義的；對於所有社會成員在其中實踐的倫理生活的社會及政治結構之存有論基礎與根源，它全無交代。斐剖查因而發現：儘管黑格爾的德性理論受到亞里斯多德的啟發，不過，**亞里斯多德式倫理學與政治學在黑格爾的實踐哲學中只扮演一次要角色**。理由是：「柏拉圖式倫理學概念凌駕一切。」[36]甚至亞里斯多德將德性定義為中庸之道的觀點也被視作十分次要的，因為它既非關鍵亦非本

---

[36]　見其論文，"Hegel's Doctrine of Duty and Virtue", p. 19.

質性。斐剖查之結論是：「真實的德性與一良構國家之制度和風俗習慣的統一，是黑格爾以一亞里斯多德的方式來表述柏拉圖關於個體與社會公義的同一性。」[37]

在第一章第二節之論點已可見出：依黑格爾自然法就是倫理生活法。這是說，黑格爾強調：人們於倫理生活中所實踐之常規性習俗或習慣，遠勝於建基在眾人之契約關係上的法律規範之形式系統。在這一點上，柏拉圖的確比黑格爾早觸先機，柏拉圖說：

> 他們制訂涉及我們剛才所列舉的主題[習俗與習慣]上的[實定]法，並對它們進行修正，而且他們認為他們總可以找到一種方式來防止契約上的詐欺及我所提到的其他惡行。他們並不理解這樣其實像斬斷一條九頭蛇的腦袋一樣。……一真正的立法者根本毋須理會這一種的法律與行政，無論是在一良好統治或統治敗壞的城市中。（R 426a-427a）

在《法哲學：溫拿曼手抄本》（*Die Philosophie des Rechts: Die Mitschriften Wannenmann*）（海德堡，1917/18）中，黑格爾完全接受柏拉圖的觀點，這見諸下列之陳述：

> 有關法權的法律（Rechtsgesetz）之發展以及對各類情

---

[37]　前揭文，p.20.

> 況的區別，乃是知性（Verstand）的工作。（柏拉圖
> 在其《理想國》中指出那些勇士們如果想了無窮盡地
> 去為每一項法律細則極其適用範圍，乃至其發展和培
> 養，又於其未來進程上作出種種指導，那末他們是不
> 值得尊敬的。）正由於其概念是涉及無限的情況，不
> 過在應用卻應是只涉及有限的情況，遂出現了法
> （Recht）的形式主義。根本不可能有一部全面的、完
> 備的法典，它必得常常地被修正。（PRHB 109 節註）

黑格爾所感到興趣的是憲法；在這一點上，他受到孟德斯鳩
的啟發。（PR 3 節註）對於兩者來說，憲法反映出國家的民族
精神（Volksgeist）的理性表達。在上述同一本書中可以發現
黑格爾對此論點作出以下的表述：

> 作為國家的倫理性整體（die sittliche Totalität），具有
> 這樣的真正活力，即普遍、自由的意志之出現帶有必
> 然性，只有如此，國家方是一有機的整體。自由的體
> 制、其民族的理性，乃是憲法。（PRHB 127 節）

雖然柏拉圖沒有憲法的概念，但他同時堅持，倫理生活一向
度中的文化教育乃係道德教育的最佳方式。職是之故，柏拉
圖於《理想國》中強調音樂與詩的教育之重要性，但卻低貶
法律規條細則的價值。柏拉圖堅信，要維持城邦倫理生活
（the Sittlichkeit of the Polis）的純正性只能依靠教育。青年

在健康的倫理生活（Sittlichkeit）情境中生活與受教，便會長得身心健康。

　　柏拉圖與黑格爾對倫理生活教育之強調並不妨害他們對實定法的價值之肯定。雖然黑格爾說：「自然法或來自哲學觀點的法，均與實定法有所不同」，但他同時警告：「將它們的差異曲解成一種對立及衝突，將是嚴重的誤解。」（PR 3 節註）黑格爾對待兩者關係之觀點，諾克思對之作出了使人信服的詮釋。他說：

> 權利（Recht）一旦被設定（gesetzt）或頒佈，便是法律（Gesetzt）。現在，我們可以對自然法或在一國家中被接受為權利的實定法提出種種的質疑。（PR 306）

從此詮釋來看，實定法僅是將自然法加以設定的結果，它是我們建立與倫理秩序相一致的社會體系與政治制度的基礎。儘管在《理想國》中柏拉圖低貶實定法的價值，但在《法律篇》（*The Law*）中他卻強調實定法的價值。對此柏拉圖的後期作品，桑德爾斯（T. J. Saunders）提出了他自己的見解：

> 此中法律的重要性掩蓋一切，而具有道德價值專門知識的理想統治者只是浮光掠影地被提及。如今柏拉圖視法律為拯救社會道德的（雖非本性完美但卻）至高無上之工具：他因而稱之為「理性的教條」（dispensation of reason）……，而團體的一切生活，

> 因此必須受法律的詳細條文所管制，這些法律條文將
> 鉅細靡遺地表述哲學家對真正的善（true good）的見
> 解。[38]

面對《法律篇》與《理想國》的讀者可能難以置信這兩部著
作是同出一手。桑德爾斯解釋道：這兩部著作進路之所以出
現如斯顯著而巨大的差異，原因是當柏拉圖愈老愈有智慧，
此時他的樂觀主義轉變成了悲觀主義，而他的理想主義轉變
成了現實主義。不過我們不應忽略以下之事實：早期柏拉圖
的倫理生活與後期柏拉圖的實定法都是善的理型（Idea）的
表述。這依然維護了其社會與政治理論的一致性。

現在，從《法律篇》來看，我們同樣可以見到能夠展現
黑格爾法律體系與柏拉圖法律體系相似性的諸多證據。《法
律篇》處理了諸如財產法、家庭法、婚姻及與之相關的主
題、商業法、農業法、經濟與貿易、市民與法律之管理等等
問題。這些對應於黑格爾於市民社會中抽象權利、家庭與司
法之標題下所為之提供證成的法律條文。

在先前分析的基礎之上，我們可以見出：回到柏拉圖的
《理想國》是理解黑格爾思維模式根源的最佳途徑。然而，
我們仍需要留意柏拉圖「靈魂」（soul）與黑格爾「心靈」
（mind）之間的差異。柏拉圖的靈魂是心理學義更甚於是精

---

[38]　Plato, *The Laws*, trans. T. J. Saunders (Penguin Books, 1970), pp. 26-7.

神的。它意圖彰顯由善的理型所產生與決定的社會結構。從一開始，我們就已知靈魂有三個部份相應於三個階層；這三階層的倫理就是實現靈魂所擁有的德性。所以在柏拉圖之中，從心靈到國家的關係，截然是一隱喻性或只是同構的，這是說，從柏拉圖的觀念論架構可以見出：在心靈與國家之間有一種平行的關係：從心靈**映照**（mirrors）了國家的組織這個事實出發，柏拉圖證實了國家是心靈的產物。在柏拉圖《理想國》，「模仿」是其中一重要觀念。或許我們可以說國家是心靈的「模仿」。柏拉圖將心靈擴充至客觀精神的領域。在此擴充過程中柏拉圖指出公道的實現僅只是靈魂三部份之和諧組織的外置而已。這是說，社會之和諧的圖像是複製自靈魂之和諧的圖像。而和諧的社會也反過來使得在此社會中生活的人們之靈魂達致和諧。

正如我們所指出，在柏拉圖理論中，心靈意圖映照了社會結構，其發展過程卻沒有受到很大的注意。但對黑格爾來說，心靈包含了其在質與量方面的發展之種子。換言之，柏拉圖的心靈並不是一種建立國家的活動，它僅存有論地反映了國家的基礎與結構，但黑格爾式之心靈是一種產生國家和證成其合理性之活動。心靈在黑格爾理論中有一種實現其自由的傾向。而在此實現過程中，心靈一方面使自己變得更加明亮，另一方面使自己變得更加開闊。所以，這個實現實際上是心靈的發展與擴充。此發展與擴充有三個步驟：第一步是抽象法，第二步是道德，第三步則是倫理生活。在此發展

與擴充中，我們確實可以發現一個亞里斯多德式向度：前二
者只不過是實現後者的潛能（potential）狀態，或者說：法律
主體與道德主體的進一步發展最終實現於倫理實體中。但此
倫理實體的實現歷程只有通過自由意志主體性的發展與擴充
才可能。這種自由意志的主體性與國家的倫理實體性之疊
合，底子裡不過是柏拉圖式心靈與國家同一性的新版本。

　　黑格爾還有一點不同於柏拉圖，他否定心靈與國家社會
分層的平行關係。黑格爾所關懷者是心靈自我實現的辯證運
動與動態進程。在《法哲學原理》中黑格爾多次強調辯證思
維的方法肇始自柏拉圖。（PR 31 節註, 140 節註）柏拉圖指出：
我們的認知機能可以劃分成為四部份：想像、信念、知性與
理性。只有理性的對象是作為所有存在之本質與實在的永恆
形式。柏拉圖又認為理性的展示是辯證的。通過此種辯證理
性我們便可以獲致美、公道與善的真理。只有在這種條件
下，國家的實在才可以彰顯出來。在此我們可以將柏拉圖的
辯證歷程闡述為從想像及信念開始、通過知性、而達致理性
的上升歷程。順著這個上升歷程，國家的本質與實在會以更
清楚之姿態出現，也就是說，國家最初只顯現為一個影子，
一個感官上的影像，然後顯現為一個抽象概念，最終則浮現
為一種永恆形式。所以國家的本質與實在應為理性的對象。
在柏拉圖的眼中，對那些為政治權力而鬥爭的人來說，國家
只是一個影子，好比他嘗說：「大多數的城邦現今已被那些
只為影子而鬥爭的人所統治，他們互相爭鬥，彷如這是一種

偉大的善（great good）。」（R 520c）從理性思辯的觀點看來，一位了解國家的本質與實在就是善的理型所生成之公道結構的政治家，斷不會讓自己涉入政治權力的鬥爭之中。

由上述解說可見，柏拉圖藉辯證法來**彰顯**國家的本質與實在，而黑格爾則透過自由理念辯證的發展來說明國家之**生成**。在柏拉圖理論中，確實由善的理型生成國家；不過，此一生成歷程卻非辯證的，而是直接性參與。若我們說在柏拉圖與黑格爾之理論中，同是以心靈來彰顯國家，則有必要在兩者之間劃分一道清晰的界線：柏拉圖式彰顯是「鏡像式彰顯」（mirroring revelation），黑格爾式彰顯則是「創造性彰顯」。鏡像式彰顯蘊含了彰顯的對象早已存在，而創造性彰顯中彰顯的對象是從理解該彰顯之動態歷程中發展出來。依柏拉圖之理論，若統治者的靈魂能順著想像、信念、知性與理性的範域而提升，則他們就可以循序漸進地靠近善的理型，而因為善的理型是所有存在的實在性之存有論基礎與根源，他們遂會變得愈來愈靠近市民國家公道結構的實在。如此一來我們便可了解：依柏拉圖，靈魂的培養決定了我們對社會實在的知覺。換言之，在達致善的理型之過程中，我們靈魂的質之純粹性和市民國家的公道結構的質的純粹性相應。

而在黑格爾理論中，則是自由理念的辯證發展**創造**了實現於社會與政治結構中之**權利**內容，正如黑格爾所說：「道德、倫理生活、國家利益，凡此種種都是權利的一種特殊性

質,因為他們每一個都是自由的特殊形式與具現。」(PR 30
節註)自由一理念的第一個發展階段是抽象法,其中建立了環
繞財產、契約與不法(Wrong)等觀念的公道結構。自由一
理念的第二個發展階段是道德,其中建立了圍繞故意與責
任、意圖與福利及善與良心等概念的公道結構。自由一理念
發展的最後階段是倫理生活,其中建立了圍繞家庭、市民社
會與國家的公道結構。於上述描述中我們發現:自由一理念
的發展是從**抽象**到**具體**,而與此相對應的公道結構則由**細微**
到**龐大**。**如此一來,自由意志的質的純粹與公道結構的量是
構成比例的。**換言之,順著心靈的發展歷程,自由的實在性
領域變得愈來愈巨大,而意志的性質則變得愈來愈純粹。國
家代表了自由之實在性的最大幅度,和善之最純粹的性質。
黑格爾又指出:我們的意志永恆地與一自由世界相對應或相
結合。在黑格爾《法哲學原理》一書中我們從未發現意志與
自由有一刻之分離,因為這本著作是一個「心靈的理性系
統」,它展示了自由意志對其自身自由之意求。(PR 27 節)
在國家中,意志與自由世界的對應與結合達到高峰。

柏拉圖認為,透過靈魂之實踐理性,統治者發現了市民
國家的公道結構是善的理型的參與的結果;而黑格爾則認為
透過我們的意志,我們發現了市民社會與國家的公道結構是
意志自由的真實決定的結果。柏拉圖與黑格爾之對比可導出
下列之結論:前者之善的理型與後者之自由相似,前者之靈
魂與後者之意志相似,而前者之公道與後者之**權利**相似。此

中柏拉圖與黑格爾唯一的差別是：在柏拉圖眼中，只有通過理性的實踐，靈魂才達致善的理型；而在黑格爾眼中，意志本質上就是自由的，換言之，本質上與自由同一。總括而言，柏拉圖式心靈顯示了人類靈魂與善的理型之間存在鴻溝，兩者的橋樑在於理性；黑格爾式心靈則顯示了意志與自由的同一性，這是說，在黑格爾哲學中，自由、意志與自由意志具有同一內涵。（對這個觀點的進一步說明，見註29）

（張展源、劉增雄、林維杰譯）

第三章　黑格爾與他的批評者

第一節　朝向一個開放的社會

　　卡爾‧巴柏（Karl R. Popper）的《開放社會及其敵人》
（*The Open Society and Its Enemies*）可能是第一部以西方政
治哲學傳統的系統觀點對黑格爾政治思想作出評擊的哲學著
作。在試圖捍衛黑格爾以對抗巴柏的批評上，大多數黑格爾
學者致力於舉出歷史的證據來駁斥巴柏所強調的所謂黑格爾
和普魯士之間的親密關連。但是，無論這些反對巴柏和捍衛
黑格爾的學者如何成功，他們都未能觸及巴柏政治思想的核
心。他們貿然地進行這項工作，以致完全忽略了巴柏的重
點。要面對巴柏之批評來真正地捍衛黑格爾社會和政治哲學
的工作應該一併考慮巴柏的整個體系，而不應只限於其中和
黑格爾相關的部份。首先，我們必須指出是：巴柏在其《開
放社會及其敵人》一書中，試圖建立一個政治理論的新典
範。該典範指出於可追溯至赫拉克利圖斯的了西方極權主義
傳統中，柏拉圖才是真正的奠基者，至於亞里斯多德、黑格
爾、馬克斯，乃至作為契約論奠基人的霍布斯，也只不過是
柏拉圖思想的不同翻版。職是之故，如要捍衛黑格爾的理

論，我們必須瞭解巴柏所要建立的典範。

巴柏認定柏拉圖主義是極權主義的最佳代表，而黑格爾是極權主義的現代翻身。巴柏說道：

> 黑格爾生來被命定完成這項任務，他為開放社會最早的大敵：赫拉克里圖斯、柏拉圖和亞里斯多德的觀念注入新生命。正如法國革命重新發現了「偉大世代」和基督宗教的自由、平等以及博愛等永恆性觀念，黑格爾也重新發現了作為支持與自由與理性對抗之背後黑手的柏拉圖觀念。黑格爾主義是部落主義的復興。事實上黑格爾的歷史意義就在於它是柏拉圖和近代極權主義之間的「過渡中介」（missing link）。大部份近代極權主義者，都不知曉他們的觀念可以追溯至柏拉圖。但其中很多卻知道他們受惠於黑格爾——他們全部都是喝黑格爾主義的奶水長大的。（OSIE2 30-1）[1]

約翰·威爾德（John Wild）在其《柏拉圖的現代敵人與自然法理論》（*Plato's Modern Enemies and the Theory of Natural Law*）一書中試圖論證柏拉圖並非反民主。其論證的重點為：柏拉圖從未倡導封閉社會的理論，這是說，與巴柏所言相反，他從未提倡階級統治、宣傳欺騙和控制思想[2]。威

---

[1] 本節關於巴柏《開放社會及其敵人》引文的翻譯，參考了莊文瑞·李英明的譯本（台北：桂冠出版社，1998）。（譯註）

[2] Chicago: The University of Chicago Press, pp.40-63.

爾德甚至說「柏拉圖整個概念的核心是自然法的理論，它依舊是現代民主理論的主要因素。」[3]這裡，我們只不過追隨威爾德的方向來捍衛黑格爾的理論，以對抗巴柏的攻擊。

巴柏認為「個體的解放，無疑就是導致部落主義瓦解和民主興起之偉大的精神性革命。」（OSIE1 101）事實上，黑格爾比巴柏更早指出這一現象。黑格爾說：

> 為了對抗，柏拉圖不得不求助於這種渴望本身。但是這種援助必須來自上面，於是柏拉圖開始只能從希臘倫理的特殊外部形式中去尋找，他心想借助這種形式可以克服那種敗壞的入侵者[主體的自由]。殊不知這樣做，他最沈重地損害了倫理深處的衝動，即自由的無限的人格。但柏拉圖理念中特殊的東西所繞著轉的原則，正是當時迫在眉梢的世界變革所繞著轉的樞紐，這就顯出他的偉大天才。（PR 序言 10）

巴柏堅持：柏拉圖認為，個體主義與集體主義對立，利己主義與利他主義對立。（OSIE1, 100）他因而得出以下的結論：

> 對於柏拉圖和絕大多數的柏拉圖信徒而言，根本不存在利他的個體主義。依柏拉圖，除了集體主義之外的

3　　Ibid. , p.47.

　　唯一可能選擇就是利己主義；他把利他主義和集體主
　　義直接地等同起來，又把所有的個體主義與利己主義
　　視為同一。（OSIE1, 101）

　　事實上，黑格爾是最早認識到利他個體主義的積極價值
的一位哲學家。究極而言，黑格爾式市民社會的起點正是佔
有式個體主義和個體主義式快樂主義。[4]不過，黑格爾發現自
由市場之個體主義式特性可提升為利他主義式特性之社會過
程。

　　當黑格爾對市民社會的本質作研究時，他觀察到：在實
際達致種種自私之目的之過程中，「可以形成有一種相互依
賴的體系，於其中個人的生存、幸福和權利都和眾人的生
活、福利和權利交織在一起。」（PR 183 節）把個體主義的特
性提昇為一種利他主義就是市民社會的特質，正如黑格爾所

---

[4]　邁可佛森（C. B. Macpherson）在其作品《佔有式個體主義的政治理
　　論》（*The Political Theory of Possessive Individualism*）（Oxford: The
　　Clarendon Press, 1962）試圖論證現代佔有式的個體主義的傳統首先由
　　霍布斯和洛克的政治理論所證成。伏漢（Frederick Vaughan）在《政
　　治快樂主義的傳統》（*The Tradition of Political Hedonism*）（New
　　York: Fordham University Press, 1982）試著論證，描述他們倆人比較
　　好的方式為一種政治快樂主義的擁護者。我們不想在這裡介入該爭
　　議。我們只是想假定黑格爾的市民社會包含佔有式個體主義和個體主
　　義式的快樂論這兩者的向度。關於黑格爾經濟思想與契約論的關連的
　　進一步理解，雷恩（Alan Ryan）的論文「黑格爾論工作、擁有權和公
　　民權」，此文收於 Pelczynski 所主編的 *The State & Civil Society* 一書
　　(Cambridge: Cambridge University Press, 1984), pp. 178-196。

指出：

> 但是特殊性的原則，在獨立地發展為整體時推移到普
> 遍性，並且只有在普遍性中才達到它的真理以及它的
> 肯定現實性所應有的權利。……因為特殊的東西必然
> 要把自己提到普遍性的形式，並在這種形式中尋找而
> 獲得它的生存。（PR 186 節）

這裡所指出的向度在柏拉圖的社會理論中並不明顯。與巴柏
所言相反，主體自由這一議題上，柏拉圖和黑格爾的差異足
以證實黑格爾並非一「柏拉圖主義者」。

巴柏還有一個重要的論點：利他的個體主義乃係「西方
文明的基礎」。依巴柏的分析，利他的個體主義是「基督教
的核心學說」（OSIE1, 102）但其實黑格爾比巴柏更早發現基督
教中個體主義的積極意義。黑格爾說：

> 個體獨立的本身無限的人格這一原則，即主體自由的
> 原則，它在柏拉圖所提供的現實精神中那個純粹實體
> 性的形式中卻沒有得到應有的地位，卻以內在的形式
> 在基督宗教中出現……（PR 185 節註）

依巴柏，「巫術的、或部落的、或集體的社會亦都稱為
『封閉的社會』，而個體都能作出個人性抉擇的社會，則稱
為『開放社會』。」（OSIE1, 173）於聲言「從封閉到開放社會
的轉變可被描述為人類所經歷的最深層的革命」（OSIE1, 175）

後，巴柏宣稱「航海交流和貿易的發展就是封閉的社會崩潰的最有力之原因」。（OSIE1, 177）他還說：「現代社會大體上藉由抽象關係來運作，例如交換或合作。」（OSIE1, 175）但正如我們在第一章所指出：黑格爾是第一位區別出市民社會作為一獨立領域與政治國家（the political state）相對立的哲學家。黑格爾的市民社會首度表達了資本主義社會的精神。所有這些論點都顯示黑格爾的社會和政治理論包含了巴柏義「開放社會」的面相。巴柏對於這點之迴避導致他對黑格爾作出了不公的批評。

巴柏還指出：柏拉圖雖然抗拒變動但卻倡導革命，而黑格爾提倡進步卻反對革命。在分析柏拉圖的政治理論時，巴柏說：

> 他的基本主張可見諸下列兩公式中之任一者：第一個公式對應於其關於變動和靜止的唯心主義理論，第二個公式對應於其自然主義。唯心主義的公式是：「阻止一切政治上的變動！」變動就是罪惡，靜止則是神聖的。如果國家能夠成為城邦之理念或理型之正確摹本，那末就可以防止一切變動之產生。若問及這在實際上如何可能，便可藉自然主義的公式來回答：「回歸自然。」（OSIE1, 86）

而另一方面，巴柏認為以下就是柏拉圖的信念：「如想『把高雅帶入世界』，我們必須深入到社會罪惡的根源，全

面地消除任何傷害社會之可能性。」巴柏認為，我們很容易
偵測到柏拉圖理論中的烏托邦主義和激進主義的向度。巴柏
從而作出以下之推斷：柏拉圖夢想著透過啟示性的革命可徹
底地轉變整個社會。（OSIE1, 164）在批判柏拉圖之同時，巴柏
指出所謂的「漸進式社會工程」，而反對社會結構上任何的
激變。在論及黑格爾時，巴柏批判了黑格爾與 1789 年之法國
大革命唱反調的立場。巴柏並沒有使用「烏托邦式社會工程
／漸進式社會工程」之二分來為法國大革命定性。簡言之，
依巴柏這場革命並非烏托邦式社會工程；他反而認為這場革
命復活了基督教的精神，且為開放社會的出現帶來曙光。所
以，他批判黑格爾之反革命的態度，一如他對柏拉圖的態度
之批判。不過，巴柏承認：「與柏拉圖不同的是：黑格爾並
未視變動不居的世界發展趨勢是一種遠離理念之衰退性的沈
淪」（OSIE2, 36）巴柏這一理解倒是相當正確的。實際上，在
西方社會和政治哲學史中，只有霍布斯和盧梭方像柏拉圖一
樣致力於「阻止所有的政治變動」。難怪巴柏強烈感受到在
柏拉圖、霍布斯及盧梭間的相似性。（OSIE1, 141-2, OSIE2, 52）

　　巴柏也相當清楚地知道黑格爾反對烏托邦式工程而倡導
漸進式社會工程。（OSIE2, 42）不過，巴柏卻批評黑格爾下列
的說法：「它[科學]把注意力轉向倫理論題和國家組織的同
時，使自己同它們的基本原則對立起來而發生矛盾。正有些
像教會為它自己獨特的領域所提出的要求一樣，它也妄以這
種意見是理性和主觀自我意識的權利，並且主張它在作出意

見和建立信念時是自由而不受拘束的。」（PR 270 節註）這裡
巴柏誤解了黑格爾的重點。事實上，黑格爾的觀點反而預示
了後來韋伯的憂心：一個過度官僚化的社會，由於主要精神
偏重在科學研究與經濟活動的分工，結果失掉它的有機性功
能。正如同韋伯把具有魅力（charismatic）之領導者置於社
會的官僚系統之上，黑格爾把國家倫理生活置於司法和科學
研究的管理之上。巴柏同時說道：

> 跟著我們又聽到：若面對破壞性的意見，「國家就必
> 須保護客觀的真理」；這樣就引起一個根本的問題：
> 誰來判斷什麼是客觀的或不客觀的真理呢？黑格爾的
> 答案是：「一般說來，關於什麼是客觀的真理，要由
> 國家來決定。」正正由於這種答案，思想自由、科學
> 標準自主的要求都最終被否定了。（OSIE2, 43）

　　十分清楚，巴柏的確有意地曲解黑格爾的意含。我們必
須重新檢視黑格爾對於相關議題的陳述。於《法哲學原理》
270 節的註釋中，黑格爾說道：

> ……當這種有關壞的原則的意見把自己形成為腐蝕現
> 實的一種普遍的組織時，國家必須反對它，以保護客
> 觀真理和倫理生活的基本原則……。同樣，當教會要
> 求不受限制的和無條件的權威時，國家面對著這種教
> 會，大體說來，必須主張自我意識對自己的洞察、信

念和一般思維——即什麼應作為客觀真理而有效的這
種思維——的形式上權利。

事實上，這段文字企圖藉對於思想自由和科學的肯定來
在概念上劃分國家與教會之不同。在這點上，黑格爾說：
「科學由於具有與國家共同的型式，所以站在國家這一
邊。」所以，國家能夠為客觀真理（這是科學研究的目標）
提供更多的保護。黑格爾認為，教會之毫無限制和無條件式
權威性對於科學的客觀真理總是有害的。國家是唯一能保護
科學客觀真理的政治組織，在國家之保護下，自我意識對其
一己的洞見、信念、與肯定為真的客觀真理之思想的形式權
利可以得到合法的認可和証成。可是巴柏扭曲了黑格爾的主
張，他以為黑格爾主張由國家來決定客觀真理。

巴柏跟著引述了黑格爾《心靈哲學》中的一段文字來證
明黑格爾擁護法律上的不平等性。

> 「法律之前，人人平等」包含著偉大的真理。不過，
> 這種表示方式，不過是一種套套邏輯而已；它只是泛
> 言人人具法律地位和法治。然而，更具體來說，要達
> 致人民…在法律之前平等，必須容許他們在<u>法律之外</u>
> 也平等。唯有在財產、年紀等上平等，才能得到<u>法律</u>
> <u>之前的平等</u>……。法律自身……預先設定不平等的條
> 件……。理應說，正正由於近代國家在形式上的重大
> 進展和成熟，才使到個體間實際上產生了極大的具體

不平等性。（OSIE2 44，引自 En. 359 節）

　　我們必須指出：巴柏以加底線方式所作之強調十分帶有誤導性。其實，要解消這項迷團第一個途徑是明白黑格爾贊同兩種法律觀點。第一種是形式的或抽象的觀點，此中我們可以看出法律之前人人平等，而黑格爾認為該原則代表了偉大的真理。不過另一方面，他堅持同時需要注意人的物質條件。換言之，在肯定法律之前人人平等的基礎上法律理論必須顧及人在物質方面之差異。所以正如考夫曼（Watter Kaufmann）所指出：黑格爾並沒有走上「法實證主義」（juridical positivism）[5]。黑格爾自己清楚地認識到這事實：「個別法可能被完全地立基於或與和現有法律建立的組織一致，而且在主要的特徵上它可能是錯誤和非理性的，就像在許多羅馬私法（Roman Private Law）的領域中，這是邏輯地從像羅馬婚姻和羅馬文化組織所推出來的法令。」（PR 3 節註），關於羅馬法，黑格爾跟著評論：

　　　　從羅馬法中所謂人格權看來，一個人作為具有一定身
　　　　分而被考察時，才成為人。所以在羅馬法中，甚至人
　　　　格本身跟奴隸對比起來只是一種等級、一種身分。因
　　　　此，羅馬法中所謂人格權的內容，就是家庭關係，其

---

[5]　見其論文，"The Hegel Myth and Its Method"，收於 *Hegel: A Collection of Critical Essays*, ed. Alasdair McIntyre (Notre Dame: University of Notre Dame Press, 1976), p. 38.

他像奴隸的權利以及失去權利的狀態都不算在內……
所以羅馬的人格權不是人本身的權利，至多不過是特
殊人的權利…現在把具有特殊規定的人格權放在一般
人格權前面加以處理，只顯得次序顛倒而已。（PR 40
節註）

職是之故，黑格爾指出：「說羅馬法在家庭、奴隸等方面，
甚至無法滿足理性最節制的要求，這是相當正確的。」（PR 3
節註）這一大段引文足以顯示黑格爾實際上強調「人作為人的
權利」──亦即，法律之前的平等──的優先性。在黑格爾
眼中，

人格異化的實例有奴隸制、農奴制、無法取得財產的
能力、沒有行使所有權的自由等。理智、道德、倫
理、宗教異化則表現在迷信上，例如把權威和全權授
與他人，使他規定或命令我應該做的事……或者我所
應履行的良心上的義務，應服膺的宗教真理等等均屬
之。（PR 66 節註）

於是，在這段文字的增補中，他說：「一位奴隸有解放自己
的絕對權利。」所有這些引文都顯示了黑格爾不可能以下列
的陳述作為法律的「首要」條件「只有擁有財產，年齡等等
的公民方能在法律之前值得平等對待」。

　　第二種解除此一迷惑的途徑與黑格爾論及階級代表之法

律原則有關。為了支持這項原則，黑格爾否決了暴民式人民
主權的概念，他視這種概念為一種抽象知性之產物。的確，
依黑格爾，過度強調「平等」便不足以對社會結構之合理性
作全面性的說明。黑格爾作出以下之警告：平等不能只是
「抽象人格的平等」。（PR 49 節註）其理由如下：

> 人天生就不平等，不平等是自然的要素之一，而在市
> 民社會中，特殊性的權利無法消弭此自然的不平等，
> 以致於不平等從心靈中產生它，並將之提昇到在技能
> 和財富上、甚至在理智教養和道德教養上的不平等。
> 提出平等的要求來對抗這種權利是知性的一個愚昧
> ——知性把這種抽象的平等和其「應然」看作是實在
> 和合理的東西。（PR 200 節註）

在這一基礎上，黑格爾進而把市民社會區分為三種階級
——農業階級，產業階級和普遍階級。在這三者之中，普遍
階級，亦即公僕（civil servants）階級，按其政治地位構成了
行政人員（the executive）的主體。其他兩個階級則構成了立
法的主體。換言之，黑格爾把議會區分為兩院：一個由農業
和地主階級所組成，另一個由國家中各種工業和社會組織的
代表所組成。當然，被選出來的代表必須是稱職的，且還必
須將共同的福利視為最高利益。對於這項目標，雷布恩指

出：「黑格爾支持對財產權的資格認証（qualification）」[6]，
即使黑格爾認為「年齡和財產是一種只影響個體本人，而非
構成他在市民秩序中的價值之特質。」（HPW, 262）這些論點
顯示了黑格爾心中的社會是一有機的、整體的，而不是一機
械式和惰性的社會。黑格爾甚至主張：法律應該考慮市民社
會的本質。

　　巴柏認為「為開放社會之奮戰只重啟於 1789 年的觀念；
而封建君主們很快地便意識到其危險的嚴重性。」（OSIE2,
30）。事實上，黑格爾或許是第一個作出這項宣稱的西方哲
學家。的確，依黑格爾的觀點來看，法國大革命的出現意謂
布爾喬亞文化控制了社會，而這對開放社會的出現是有裨益
的。職是之故，亞維諾（Shlomo Avineri）宣稱：「黑格爾在
布爾喬亞文化中看到個體主義、勞動分工、宗教信仰之多樣
性和現代國家出現的根源。」[7]雖然我們從下列事實可以看出
黑格爾並未能真正地確認出法國大革命的真正政治意含，而
僅透過一經濟進路來解決政治問題，換言之，他以經濟方面
的抽象法作為替代物來滿足人們對自然法的政治要求[8]，亦可

---

[6]　參見氏作 *The Ethical Theory of Hegel: A Study of the Philosophy of Right*
(Oxford: The Clarendon Press, 1921), p.246.

[7]　參見氏作 *Hegel's Theory of the Modern State*, (Cambridge: Cambridge
University Press, 1972), p.50.

[8]　關於這點，參見 Seyla Benhabib 的論文 "Obligation, Contract and
Exchange: On the Significance of Hegel's Abstract Right"，收錄於 *The
State & Civil Society*, p.160.

以說，他以「自由的法律形式」來取代人們對政治自由的要
求⁹，不過，這無改於他把此一革命真的看成是具有重大意
義。在《歷史哲學》中，黑格爾說道：「我們現在必須通過
其與世界歷史有機的關連來考慮法國大革命；因為在其實質
的意義上這是一世界歷史的（World-Historical）事件。」
（PH 452）事實上，當法國大革命暴發時，黑格爾與其朋友種
植了一株名為「自由之樹」的樹來慶祝這個運動的來臨。但
是，若問及緣何後來黑格爾卻孜孜於對法國大革命所帶來的
絕對恐怖加以克服，其理由在於他認為這項解放運動只解放
了「消極的自由」，一種基於我們抽象知性的自由。黑格爾
亦稱之為「虛無的自由」。他並作出了下列的描述：

> 這是提高到現實形態和激情的那種虛無的自由；當它
> 還停留在純粹理論的時候，它在宗教方面的形態就成
> 為印度式純沈思的狂熱，但當它轉向現實應用的時
> 候，它在政治和宗教方面的形態就變為破壞一切現存
> 社會秩序的狂熱，變成對某種秩序有嫌疑的個人加以
> 鏟除，以及對企圖重整旗鼓的任何一個組織加以消
> 滅。這種否定的意志只有在破壞某種東西的時候，才
> 感覺到自己的存在。（PR 5 節註）

9　關於這點，參見 Ritter 的作品 *Hegel and the French Revolution*
　　(Cambridge: The MIT Press, 1982), pp.49-50.

　　黑格爾進而指出：這種消極自由理所當然地幻想它是在追求著某些像普遍平等的正面目標，但事實上它卻並未意想到這些目標如何方能得到正面的實現。理由是消極自由的活動只會破壞所有社會機構和客觀的組織，於其中原本是可以積極地實現普遍平等的理想的。「結果，消極自由所想要意求的事情絕不會是在其自身中的任何東西，而只是抽象觀念，而想要把此抽象觀念付諸實現只可能是破壞的狂暴。」（PR 5 節註）所以，根據黑格爾，毫無思辯理性指導下抽象知性的實踐上的應用將朝向由暴民力量所創造出來的政治上的無政府狀態。（PR 29 節註, 272 節註）

　　正如馬克斯所指出：黑格爾之理論缺乏普選制度（universal suffrage）。可是，這並不足以証明黑格爾是反民主的。我們認為把他的理論描述為非民主（non-democratic）較反民主（anti-democratic）為佳。事實上，就民主的議題而言，如果不將直接民主和間接民主區分開來，則黑格爾是位令人相當困惑而難於理解的人物。與柏拉圖相似，黑格爾懷疑直接民主已經過時，他只想在理論上證成間接民主。他所提出的階級代表和公司組織（corporation）的原理是一最佳明証。黑格爾認為：代議士（deputies）和國會議員（peers）「只有當他們不是個別的人或某一部分人的集體的代表，而是社會生活某一重要領域及其主要利益的代表時，他們才符合有機和理性意義下的代表」（PR 311 節註）根據這原理，黑格爾放棄了直接民主的普選制。

實際上，就君主制度和民主制度之間的選擇而言，黑格爾指出：

> 現代世界是以主觀性的自由為其原則的，這就是說，存在於精神整體中的一切本質的方面，都在發展過程中達到它們的權利的。從這一觀點出發，我們就不會提出這種無意義的問題：君主制與民主制相比，哪一種形式好些？我們只應這樣說，一切憲法的形式，如其不能在自身中容忍自由主觀性原則，也不知道去適應成長著的理性，都是片面的。（PR 273 節增補）

這顯示黑格爾對憲政君主制的選擇不是「拘泥於原則」（in principle），也就是說，不是一種固執，而是想要滿足他的時代需要。換言之，立憲君主制比較適合他的時代環境。1808 年拿破崙在西班牙廢除了波旁王朝（Bourbons），且基於貝庸憲法（the constitution of Bayonne）而立約瑟夫‧波拿巴（Joseph Bonaparte）為王。隨著 1812 至 1813 年拿破崙王朝的崩潰，波旁王朝與舊憲法一同復辟。雖然一份稱作卡迪茲憲法（the constitution of Cadiz）之自由的文件於 1812 年被擬定，但它不過形同廢文。針對此一歷史事實，黑格爾作出以下之評論：「當意識在特定的國家中被發展時，憲法不是單純被製造出來的東西，它是許多世代的創作，它是理念（ideas），它是合理性的意識，只要此等意識在某個特定國家中發展。所以，沒有一種憲法僅僅是其國民主體的創造

物。」（PR 274 節增補）

黑格爾思辨的思考確實可讓他防止介入烏托邦式的工程。他指出：

> 在現在的十字架中去認識作為薔薇的理性，並對現在感到樂觀，這種理性的洞察，會使我們和理性調和……在這方面，無論如何哲學總是來得太遲了。哲學作為有關世界的思想，要直到現實結束其形成過程並完成其自身後才會出現。（PR 序言 12-3）

基於這一觀點黑格爾拒絕採用任何關於社會和政治情境的烏托邦式的概念。事實上，霍次勒（J. O. Hertzler）在其《烏托邦思想的歷史》一書中指出下列的事實：作為例子，當烏托邦式社會主義者之學說與黑格爾主義混合時，他們不再是「烏托邦式」的，而是「科學式」的。[10]但是，以一非烏托邦式態度來看待其時代並未使到黑格爾只以一種被動的態度或根本忘卻了社會基本變化的可能性。事實上，他宣稱：「只有當現實成熟時理想才開始出現並與真實之物相對。」（PR 序言 13）但這一宣言的要點在於：成熟的現實性指向一種理想的實現，而不是理想已經實現於成熟的現實中。黑格爾的社會理想是倫理生活，它並非只是柏拉圖的倫理生活的

10　參見他的作品 *The History of Utopian Thought* (New York: Copper Square Publications, Inc., 1965), p.311.

翻版，因為正如黑格爾所指出：後者缺乏主體自由的要素。
在黑格爾的眼中，他的時代所要實現的理想是指包含倫理實
體和主體自由之結合的倫理生活。職是之故，黑格爾宣稱理
性的洞見寄存於「仍然保有主體自由的實體物」。（PR 序言
12）換言之，黑格爾在《法哲學原理》中的理想是要對柏拉
圖式倫理生活作現代化之重組，增加主體自由於其中，以利
於它在其社會中的實現。

　　巴柏認為「蘇格拉底本來的主智主義在本質上是屬於平
等主義和個體主義」，但是「《理想國》中的柏拉圖式蘇格
拉底則是一種不折不扣的極權主義的體現」。他說蘇格拉底
與柏拉圖的對比是兩種世界的對比———一有節制的、理性的
個體主義世界與一極權的半神之世界的對比（OSIE1, 131-2）。
黑格爾的《法哲學原理》亦十分強調這種蘇格拉底式自覺性
反思。黑格爾稱讚蘇格拉底的自覺性反思「是一種自我認識
的起點，因而也是一種真正的自由的起點。」同時「理念的
這種被實現的自由就精確地存在於賦予合理性的每個環節它
此時此地屬於自身的自覺的現實性。」無疑它或許相當崇
高，這種自覺性活動卻包含了過多的存在張力。去除此種張
力的唯一途徑就是「使它落在人類自由的領域之中」（PR 279
節註）事實上，依黑格爾，這種存在張力的出現只不過反映了
那一時代倫理秩序的淺薄和腐敗。所以黑格爾說：

　　　有一種在歷史上作為較普遍的形態（如蘇格拉底、斯

多葛等其他人）出現的傾向，想在自己內部去尋求並根據自身來認識和規定什麼是善和什麼是正義，在那時代，在現實和習俗中被認為正義和善的東西不能滿足更善良的意志。到了更善良的意志已不信任目前自由的世界時，它就不會在現行的義務中找到自己，因而不得不在理想的內心中去尋求已在現實中失去的和諧。（PR 138 節註）

　　這種自我意識的自由有三種類型：斯多葛主義（stoicism）、懷疑主義和苦惱的意識。（PS 119）這三種皆以苦惱作為它們共通的特性。從社會和政治哲學的觀點看來，把它們納入倫理生活的脈絡之中是去除此等苦惱之唯一法門。把它們納進此一脈絡並不意謂主觀的意識變成墮性和無能。黑格爾無疑指出：「如果我們從客觀之觀點來考量倫理生活，我們可以說於其中我們是不自覺地生活於倫理中」（PR 144 節增補）但黑格爾還補充地說：倫理實體是主觀和客觀的結合，所以，「倫理生活的實體也有一種意識，雖然這種意識的地位絕不會比一個環節的地位高。」在這基礎上，我們可以說，有自我反思能力的蘇格拉底已經被併入於柏拉圖《理想國》中「哲學家之王」的形象之中。因此，說從蘇格拉底的道德教誨到柏拉圖的社會和政治理論的過渡是將一種理性個體主義轉化成極權主義之論調，無法公平地看待這項轉變的積極意義。與柏拉圖不同，黑格爾在《法哲學原

理》中從未將表徵自我反思的蘇格拉底改變為任何特殊的人
類型態。依黑格爾，現代社會的主要原理是主體性自由。但
是這種在現代社會中的主體性自由不只是作為道德主體，同
時也作為法律主體而顯現。作為財產權的承載者之法律主體
與作為自覺性自由的主體的道德主體在柏拉圖的《理想國》
中均付之闕如。這裡可以見出黑格爾並非如巴柏所言是一柏
拉圖和當代極權主義之間的過渡性連結。與此相反，他引導
了柏拉圖的《理想國》走向開放社會。

巴柏還責怪黑格爾倡導一種種族主義（或民族主義，
nationalism），他宣稱：

> ……種族主義者以一種物質性、擬似生物學的血緣或
> 種族概念替代黑格爾的「精神」。於取代了「精神」
> 之後，血緣變成為自我發展的本質以及世界的主權，
> 在歷史舞台上展示其自身；一個國家的命運取決於血
> 緣而非精神。（OSIE2, 61-2）

基於所有歷史研究都顯示黑格爾和普魯士主義並沒有任
何密切的關連[11]，巴柏這種批評是無的放矢。我們毋需展示所
有手邊的歷史證據來捍衛黑格爾。在此，我們只需要對黑格
爾之反種族主義立場作概念上的辯解。在《法哲學原理》

---

[11] Walter Kaufmann (ed.), *Hegel's Political Philosophy* (New York: Atherton Press, 1970), 和 Shlomo Avineri, *Hegel's Theory of the Modern State* 這兩本書可以幫助我們瞭解此一問題。

中，黑格爾宣稱：

> 人之所以為人，正因為他是人的緣故，而并不是因為
> 他是猶太人、天主教徒、基督教徒、德國人、意大利
> 人等等。這是思考所認可的一個斷言，而意識到此一
> 斷言是無限重要的。（PR 209 節註）

　　黑格爾是在一個討論「司法」（administration of justice）問題的脈絡中提出上述論點。其中所討論的問題是關於生活於市民社會中人的抽象法（或權利）。由此可以輕易見出黑格爾法哲學旨在全面地反對種族偏見。

　　巴柏認為封閉社會的精神是**素樸的一元論**，而開放社會的精神則是**批判的二元論**（或批判的約定主義）。依巴柏，社會的發展是從前者走向後者。素樸一元論是尚未區分自然法和規範法的階段。（OSIE1 59）批判的二元論則強調規範與規範性法律是由人所制訂和可加修正的。巴柏指出：自然是由事實和規律所組成，它本身談不上道德的或不道德的。是人類把其標準加諸自然之上，雖然我們是自然世界的一個部分，但我們以此種方式將道德導進自然世界。我們無疑是自然的產物，不過自然卻賦予我們改變世界的能力，預測力和計畫未來的能力，以及作出在道德上要負責的有深遠影響之決定的能力。（OSIE1 60）巴柏所要導出的結論是：一、批判的二元論（作為事實與決定的二元論）強調將抉擇或規範化約成事實之不可能性；二、約定並不必然地涵蘊任意性；換

言之，我們的道德決定並非全然任意的。（OSIE1 63-5）

　　而黑格爾所要指出的是：理性的社會和政治結構「是經由思想而被理解的」（PR 序言 7）這是說，經由思維它們被賦予一種理性的形式。他並進一步指出：這種理性的形式最終是奠基於自由意志的理念。黑格爾十分強調應當把理性的社會建設成一個「第二自然」，以超越素樸的自然。黑格爾認為素樸的自然是「內在地理性的」（PR 序言 4），但卻是「不自由的」（PR 49 節註）。因此之故，它談不上公道或不公道的。這一切不過是用黑格爾語彙來證實巴柏上述的第一個要點：不能把抉擇或規範化約成事實。

　　在法律的論題上，黑格爾亦嘗作出下列之警告：「力量與暴政可能會是法律中的一個要素，這點對於法律是非本質的，也和法律的本質沒有任何關係。」（PR 3 節註）這可反駁巴柏對黑格爾所作出的下列指控：黑格爾的理論涵蘊了權力就是真理的論調。（OSIE2 41）黑格爾對法律的辯護也可以從他對馮哈樂（K. L. Von Haller）《國家學說的重建》（*Restauration der Staatwissenschaft*）一書的批評見出，這本書對德國的政治浪漫主義有很大的影響。馮哈樂認為國家是一個自然的事實，同時也是一神聖的產物。此中，他沒有論證就接受了強者統治弱者的觀念。他說每個國家都同意這點，他還排斥任何把國家視為代表自由個體的制度化權利或必須受制於人類理性要求的學說。黑格爾把馮哈樂的立場勾劃為等同於「狂熱信仰、心靈軟弱、良善意圖的偽善。」

（PR 258 節註）馬庫色（Herbert Marcuse）描述了黑格爾對此種非理性學說的影響之憂心，他說：「若果所謂之自然的價值而非理性的價值被視為國家的基本原則，那麼投機、不公道、和人性中的殘忍將取代人類組織的理性標準。」[12]毫無疑問，馬庫色的描述是正確的。

　　然而，巴柏若把他對素樸一元論和自然主義的指控瞄向黑格爾式世襲君主制，則效果也許更佳。這種批評黑格爾的進路應該會是一傑出之作。可是，使人感到驚訝的是：巴柏並沒有將他的攻擊專注於這個焦點之上，反而這個工作最早是由馬克斯（Karl Marx）所進行的。在《法哲學原理》中，黑格爾說：

> 王權本身包含著整體的所有三個環節……：國家體制和法律的**普遍性**；把**特殊性**訴請給普遍性的議會；作為**自我規定**的最後決斷的環節，這種自我規定是其餘一切東西的歸宿，也是其餘一切東西的現實性的開端。這種絕對的自我規定構成王權本身的特殊原則。
>
> （PR 275 節）

對於這段文字，馬克斯作出如下之評論：⑴黑格爾忘記了特殊個體的本性不在於他的鬍鬚、他的血緣、他的抽象的**物理**

---

[12]　見其 *Reason and Revolution: Hegel and the Rise of Social Theory* (Boston: Bacon Press, 1941), p. 181.

條件，而是他的社會性質；黑格爾也忘記了國家的活動「不外就是人的社會性質的存在和運作模式。」（CPR 22）；(2)黑格爾式統治權於是僅作一非自覺性、盲目的實體而存在。（CPR 23）換言之，統治權的觀念就等同於一個個體的意志之任意決定。（CPR 24）這樣一來，「黑格爾便把整個當代歐州君主立憲的特色轉變成為意志的絕對自我決定。」（CPR 25）黑格爾的理論將君王視為人格化的統治權乃至國家意識的道成肉身。於是所有其他人都被排除於這一統治權、人格、和國家意識之外。（CPR 26）；(3)馬克斯所得出的結論是：黑格爾描繪下的政治體制建基於下列意義的俗世宗教：此中其作為普遍性的天堂與其現實的世間存在是相對立的。現代意義的政治生活不外就是俗世的經院哲學。而「君主專制就是這種異化的最充分表達。」（CPR 31-2）因為「人一出生便命定為君王，這好比瑪麗亞童貞受孕的理論一樣，很難被證立為一種形上的真理。」（CPR 33）[13]

其實，要找出黑格爾的荒謬處是不難的，因為他宣稱：「出生與繼承的權利構成了世襲君主的合法性，也構成了一種並非純粹實體但又包含在理念中的權利的基礎。」（PR 281節註）若果要試圖為黑格爾辯護，第一種可能方式是：這或許基於他認為其所處之時代還未足以成熟到可以廢除世襲君主

---

[13]　馬克斯這本《黑格爾法哲學批判》之中譯，收於《馬克思對黑格爾的批判》（台北：谷風出版社，1988）一書。（譯註）

制。無論如何，我們不應當忽略下列之事實：黑格爾曾經努力於打破烏登堡王國的兩院式議會（the Estates Assembly in Wurtemberg）[14]的貴族政治（aristocracy）。早於 1815 年，黑格爾從其政治理論出發來論證應該消除烏登堡王國之兩院議會中之特權，使到人民的公共利益有所保障。在黑格爾眼中，古老的烏登堡王國本身沒有任何重要的高貴性；這些特權的存在只為高壓的貴族政治服務。黑格爾因而指出：「只要這些加在人民身上的鎖鍊不被粉碎，則真正大眾的代表是不可能的」，十分明顯，這些特權的繼續存在就是對於人民的壓迫、欺騙、和加諸其身上之桎梏。（HPW 293）

第二種為黑格爾辯護的可能方式是：「凡是合乎理性的都是現實的；凡是現實的都是合乎理性的。」這一論點涵蘊了兩個觀點之間的緊張關係。就「凡是合乎理性的都是現實的」這個觀點而論，世襲的君王制是無根的。不過這一觀點卻在相當大的程度上受到「凡是現實的都是合乎理性的」這一觀點制約與限制。在此種情況下，思辯理性便需要以迂迴的方式來證成現存的社會與政治體制。另一方面，「凡是現實的都是合乎理性的」這一觀點也同樣受到另一觀點的制約與限制。因此之故，黑格爾遂只將君主看成為一個象徵，一

---

[14] 請參考前面 150 頁。關於 the Estates Assembly 以及 the Estates 之中譯，請參考 3-2 節，185 頁，註釋 24。《法哲學原理》以及馬克斯《黑格爾法哲學批判》之英譯本中使用的"the Estates"一詞其實就是"the Estates Assembly"的簡稱。（譯註）

個國家最高統一性的標記。由於君王的存在僅代表國家的個
體性格,黑格爾並不贊同讓君主擁有實際的權力。職是之
故,黑格爾說:「事實上,他[君王]被其議員的具體決定所
約束,而且若政治體制是穩定的,他只有簽名的工作而
已。」(PR 279 節增補)在以下一個段落中他把這個要點表達
得更加深刻:「在一個完全組織化的國家,它只是形式決定
的最高點的問題而已……;他只需要說『是』並在『i』上御
筆一點,因為王權就應該是這樣:對擁有它的人而言,重要
的事不是他的特別的裝扮。」(PR 280 節增補)在作出法律決
定時,黑格爾指出:「法官們是以君主之名說話,縱使他們
是全然獨立的。」(PRDH 251)在以下引文中可以更清楚地見
出黑格爾對於限制君主之統治權的看法:

> 在國家的承平時期,君主必須少介入;只有當產生危
> 機時,君主才可以介入。當國家處於分裂時,作為國
> 家之內在的統一性與同一性的君主就要擔任要角。當
> 國家中的一切皆處於理性的秩序而運作時,君主卻不
> 應介入。(PRDH 251)

所以黑格爾明言:君主應當遵守其大臣的建議,而不應直接
參與治理,因為只有「土耳其的皇帝」才直接參與治理,而
且在遵守其大臣的建議時,這不是君主的弱點,反而是他的
強項以及整體政治(body politic)的強項。(PRDH 253)事實
上,在黑格爾眼中,公務員階級構成了國家行政官員的主

體。公共政策都是由他們所制訂。黑格爾遂說：「君王所託付給官員的特殊的公共功能構成了王權的統治權的客觀面相的一部份。」（PR 293 節）而進入此一普遍階級的途徑是對國家中的**每一個人**開放的。職是之故，黑格爾宣稱：

> 行政事物和個人之間沒有任何直接的天然的聯繫，所以個人之擔任公職，並不是由本身的自然人格和出生來決定。決定他們這樣做的是**客觀**因素，即知識和本身才能的證明；這種證明保證國家能獲得它所需要的，同時也提供一種使每個市民都有可能獻身於這個階級的唯一的條件。（PR 291 節）

就開放社會所涉及的問題而言，康德的政治理論是相當值得注意的。康德或許是西方政治哲學的歷史中第一位強調**開放社會**之重要性的哲學家。他指出：

> 沒有自由精神的服從是所有**秘密會社**的形成原因。因為與同伴互相溝通，尤其是談論與全人類有關的事情，乃係人的天性。（KPW 85-6）

在康德的眼中，於任何共和國政治體制的運作中，必定有服從於普遍有效的強制性法律之要求；同時也必定存在自由的精神，「因為在一切關於普遍的人類義務的事情中，每個人都需要理性地被說服；執行的強制力量是合法的，否則他就會陷入自我矛盾之境地。」（KPW 85）從這種自由的精神可以

推出「**言論自由**是人民權利的唯一保障」，儘管這種自由不能超越對於現存體制的尊敬與奉獻，而這個體制也應該「在其國民之間創造出一種心靈上的自由態度。」（KPW 85）黑格爾追隨康德為言論自由的權利作出辯護，他說：「兩種公開言論的自由：出版和口述，前者在接觸的範圍上大於後者，但在活潑性上輸給後者。想說心中的話以及把心中的話說出來那種刺激性的衝動的滿足，直接得到法律和執法者的保障。」（PR 319 節）

　　黑格爾對主體自由之原則的擁護也受到康德的影響。康德相當清楚地指出：一個理性的社會應該把個體性和普遍性結合起來。一方面，自然提供了個體性原則，另一方面理性提供了普遍性原則。而隨著主體特殊性的發展與擴充，社會生活的合理性必然會出現。自然的官能本身對理性會產生一種對抗。但是康德認為這種抵抗正可喚起所有人的力量以克服其懶惰的傾向。通過對榮譽、權力和財產的欲求，人被驅使在其同儕之間追求地位。這樣會引導人「從野蠻走向文化。」（KPW 44）在康德的眼中，最具代表性的秘密會社是霍布斯式共和國。依霍布斯之分析，共和國是一種父權式的政府，其所統治的國民「只能全然被動地行事，而且必須依賴於國家首腦的判斷。」而「這種政府是最極端的專制政體，即是一種吞沒其國民的一切自由的政體，使得這些國民失去所有的權利。」（KPW 74）

　　黑格爾並沒有明確地稱呼霍布斯式共和國為「秘密會

社」。不過黑格爾確實嘗說：「對於霍布斯來說，社會、國家是至高無上的，根本毋需考慮法律與實證宗教（positive religion）以及它們的外在關係，它就是決定的力量；並且由於他將這些法律及宗教歸屬於國家，所以他的理論當然被視為最大的恐怖。」（HP3 316）在霍布斯的共和國中，榮譽及權力尤其值得特別注意。因為統治者享有一切權利，而百姓則絲毫不沾。激發百姓履行公務的只是榮譽而非義務。於是，從黑格爾看來，霍布斯的共和國是一個封建君主制（feudal monarchy），此中憲法是毫無意義的，因為它純由統治者所任意決定的，完全缺乏任何理性的基礎；另一方面，黑格爾的理想君主制則是立憲君主制（constitutional monarchy），根據這種政體，憲法規約了國家的政治權力。亦正因如此，對於霍布斯來說，導致國家團結一致的是榮譽而非義務。因而黑格爾在《法哲學原理》中對孟德斯鳩的批評也可用以對待霍布斯。黑格爾說：

> 孟德斯鳩認識到「榮譽」是君主制的原則，從這一點可以自然而然地看出，他所指的「君主制」，並非父權式或任何古代的制度，另一方面，亦非被組構成具有客觀憲法的君主制，而就只是封建君主制，在這種制度中，憲法所確認的關係被固定下來成為私有財產的權利以及個體與同業公會的特權。在這種憲法中，政治生活建立於享有特權的人，且為了國家的鞏固，

> 大部分要做的事，都繫於他們的偏好。所以，這些服
> 務並非義務的對象而只是觀念與意見的對象。因此維
> 繫國家團結一致的並非義務而只是榮譽。（PR 273 節
> 釋）

無可置疑，一個只憑藉榮譽而產生團結的社會，絕不可能是
一開放的社會。在其中生活的人們沒有自由意志與主體自
由，因此也沒有權利與義務。究實而言，霍布斯的市民共和
國是一種政治權力體系，高居其上的是一獨裁統治者。在這
種政治權力體系中，人存在的唯一意義就是獲得更多的權力
與榮譽，只要這種尋求不會踰越界限、侵蝕基礎、或侵犯獨
裁統治者的威權。這與黑格爾式社會背道而馳。在黑格爾式
社會中，人人都應該有自由意志與主體自由，因而均享有權
利與義務。在堅持統治權之不可移改與不可劃分上，霍布斯
可謂是斯拉西馬庫（Thrasymachus）的化身，這是說，他認
為公道就是強者的利益。與霍布斯相反，黑格爾持如下之觀
點：

> 國家中不同的權力必須加以分割，其理由如上所述。
> 近期人們從權力的分割中看到了自由的保證。根本說
> 來，這就是現代的理念。（PRDH 231）

在巴柏眼中，康德是在開放社會這一邊。（OSIE1 102）於
上述的考察中，我們並未發現康德政治理論有任何觀點會比

黑格爾政治理論更為開放。事實上，黑格爾在提倡市民社會的自由經濟時，顯得比康德更為開放。如前所示，雖然康德已有市民社會的概念，但對他來說這個領域並不包含自由市場的經濟活動。這可明顯見出：於堅持商業活動作為達致開放社會之進路上，黑格爾比康德表現出更為清晰之立場。

當巴柏宣稱：「我們之所需與我們之所欲旨在使政治道德化，而非使道德政治化」（OSIE1 113），他似乎意謂使政治道德化是開放社會的行動，而使道德政治化則是封閉社會的行動。在指出黑格爾政治理論旨在使政治道德化時，米提亞斯（M. H. Mitias）作出了下列正確的論點：

> ……他[黑格爾]旨在道德化國家的法律，以及為憲法乃至法律和制度提供一道德的基礎，使得人類的生活既是一個個體也是一個社會。他認為統治一國的法律應表述了一民族之最高的價值、抱負或道德情操；其現實與理性即是作為具體精神實在的普遍的性向。[15]

米提亞斯徵引了黑格爾《法哲學原理》中下列一節，來顯示黑格爾深深地意識到道德政治化之不適切，及其對道德法律化一觀念的強烈批判：

> 在婚姻、愛、宗教與國家的較高關係中，其可能成為

---

[15]　見其著作，*Moral Foundation of the State in Hegel's Philosophy of Right: Anatomy of an Argument* (Amsterdam: Rodopi B. V. , 1984), p. 99.

> 立法對象的，僅以按其本性能自在地具有外在性的這
> 些方面者為限。……。在古代立法中，同樣可以找到
> 許多關於忠實和誠實的規定，但這些都與法律本性不
> 相適合，因為它們完全屬於內心生活。（PR 213 節增
> 補）

與黑格爾相比可以發現：康德的政治理論只不過是其道德理論的延伸，因而康德不時犯了將道德政治化的錯誤。

不少人因為黑格爾政治理論主張國家的優位性，遂以為黑格爾是一個民族主義者。巴柏甚至說黑格爾民族國家的原則是「一個不理性的、浪漫的以及烏托邦式夢想，一個民族主義與部落集體主義的夢想。」（OSIE2 51）他還指出：黑格爾企圖將其德國民族主義轉變成「訓練完善的普魯士威權主義」。（OSIE2 56）這種種偏見源自對於黑格爾國家的哲學學說的本性及關於國家的概念定位的觀點的誤解。在巴柏的眼中，黑格爾是一位「普魯士主義的首席官方哲學家」。（OSIE2 29）在此批判中，巴柏認為一國家的哲學學說必定是一為國家效勞的哲學。事實上，當黑格爾說「哲學……[應]如同藝術一樣被私密地追求」（PR 序言 7）時，他已經指出這種等同的荒謬。巴柏同時也忽略了下列一事實：

> 《法哲學原理》在黑格爾體系中所占的位置，證明他
> 無法將國家——權利領域中最高的實在——視為其整
> 體體系中的最高實在。即使黑格爾將國家高度神聖

化，也無法改變其視客體精神不外是絕對精神的附屬
品、而政治真理則是哲學真理的附屬品的鮮明立場。[16]

絕對精神涉及藝術、宗教與哲學。（PR 305,349,365）實際上正
是這三者代表具體的民族精神。所以國家之政治面是比不上
其文化面的。嚴格來說，後者的特質在黑格爾哲學體系中比
前者更受注目。由於國家的目標是要在一個政治情境中實現
絕對精神，所以「國家精神不外是一種特殊形式的[絕對或]
普遍精神」。（PWH 53）因此之故，國家的普遍歷史只是絕對
或普遍精神的特殊形式的連串表現，裡子裡不外就是藝術、
宗教與哲學的文化精神。黑格爾於《歷史哲學》下列一節中
非常清楚地闡述了這一點：

> ……[普遍]歷史（或世界歷史）是「精神」在各種最
> 高型態裡的、神聖的、絕對的過程的表現──「精
> 神」經過了這種發展階段的行程，才取得它的真理和
> 自覺。這些階段的各種型態就是世界歷史上各種的
> 「民族精神」，就是它們的道德生活、它們的政府、
> 它們的藝術、宗教和科學的特殊性。「世界精神」的
> 無限衝動──它的不可抵抗的壓力──就是要實現這
> 些階段，因為這樣區分和實現就是它的「理念」。

16　*Reason and Revolution*, p. 178.

（PH 53）[17]

普遍歷史被黑格爾視為「法庭」，因為它是「僅僅源自心靈自由的概念，是理性環節的必然發展，也因此是自我意識與心靈自由的必然發展。」（PR 341-2 節）黑格爾認為，要判斷在普遍歷史的法庭中國家的成就，所應該考慮的是其藝術、宗教與哲學，即其**民族精神**的文化表現。因此世界歷史並不是一關於強權的裁決，即不是一絕對與非理性的必然之「盲目命運」。（PR 342 節）職是之故，我們見出下列巴柏對黑格爾所作的指控都是失實的——「我們要屬於自己的歷史！我們要自己的命運！我們要自身的奮鬥！我們要加在自己身上的鎖鍊！這些歇斯底里式叫喊在黑格爾主義的雄偉巨廈中四處迴盪，在此封閉社會與反自由的堡壘中四處迴盪」（OSIE2 75）。作為倫理生活的自由的實現之藝術、宗教與哲學，只有在開放社會中才能欣欣向榮。

無可置疑，巴柏對黑格爾的批評包含頗多瑕疵，不過，巴柏的觀點的價值在於肯定一「漸進式社會工程」，這提供了一種溫和的方式來矯正社會的病態。所謂「溫和的方式」意指它能符合科學的精神，且它能尊重大多數人的自主選擇。以黑格爾的專用術語來說，巴柏的政治觀點仍然受限於知性的觀點。對黑格爾來說，知性在一定程度上是負面的。

17　本段引文之翻譯，參考王造時先生譯本（上海：上海書店出版社，2001），pp. 53-54.

相對於黑格爾，巴柏更強調知性的正面價值。巴柏的立場直接地肯定了民主與科學的價值。不過，他卻相應地看輕了倫理的重要性。事實上，黑格爾與巴柏間的概念衝突是一不同哲學典範間的衝突。黑格爾的哲學典範立足於理性，而巴柏的哲學典範則建基於知性。由於從兩個不同的哲學典範出發，他們遂發展出兩種迥異的世界觀（Weltanschauungen）。一般而言，柏拉圖、亞里斯多德與黑格爾採取同一種哲學典範：以倫理生活為主要關懷的對象。在其《柏拉圖的現代敵人與自然法理論》（*Plato's Modern Enemies and the Theory of Natural Law*）一書中，約翰・威爾德指出：

> 柏拉圖自然法理論的實在論倫理，表象一種思維模式，根本與於現代哲學中佔優勢的主體主義背道而馳。在十九世紀期間這一傳統已完全被湮滅了。因此無怪乎柏拉圖的現代詮釋者在強調它時遭遇困難。[18]

於前述兩章中我們看到黑格爾致力於將自然法塑造成倫理生活法。所以柏拉圖自然法的倫理學在十九世紀並沒有「完全湮滅」。它被黑格爾所接收，儘管他將其實在論轉化成觀念論，並且在其中安插了主體的自由。

柏拉圖、亞里斯多德與黑格爾由於過度強調倫理生活的

---

[18]　p. 61.

重要性，於是產生一抑制民主與科學重要性的副作用，這是可以理解的。但是這並不表示他們的理論在原則上排斥民主與科學。威爾德企圖證明：「[柏拉圖與亞里斯多德實在論哲學的]傳統，最早發展出關於自然法、自然權利與自然義務的清楚而明晰的理論，而在民主概念的進展與實踐中，扮演了決定性之正面的角色。」[19]在展現倫理生活與科學和民主之相容性上，黑格爾是一更佳的例子。無可置疑，在堅持國家是科學客觀真理的最佳保障上，黑格爾的社會與政治哲學作出了最大的支持，他並指出：市民社會中之代表階級與法人，可滿足間接民主中作政治性獻策的功能。因此之故，黑格爾的理論既非落後亦非保守的。事實上，它提供了不少關於現代倫理學上的卓越見解。正如黑格爾當年將柏拉圖倫理生活理論加以重組和現代化，我們也應根據我們時代的要求，來對黑格爾倫理生活理論加以重組和現代化。在重組黑格爾倫理生活理論的過程中，我們所面臨的唯一問題是：我們應更加注意民主與科學的正面價值，這是說，這種擴充於不導致理性領域的崩潰之條件下，要進一步擴大知性的領域。這意謂：通過將之帶回其應有之分際，我們確有可能化解這兩個分別建基於知性與理性上的哲學典範間的衝突。

（薛清江、劉增雄、張展源、林維杰譯）

19　前揭書，p. 46.

第二節　兩種對黑格爾社會存有論的挑戰

　　以上整個探討的目的，在展示一條研讀黑格爾《法哲學原理》之最佳途徑以了解其社會存有論。黑格爾撰寫這一本書，旨在成就一社會存有論的體系。「社會存有論」是一對社會和政治結構的存有論式証成。這種社會存有論並非對一烏托邦作描繪，事實上，黑格爾就是要透過理性來防止這一可能性，但它也不是黑格爾只對其所處時代社會現象進行描述。基本上，《法哲學原理》一書中所展現的社會和政治的結構並沒有完全實現。黑格爾的理性立場也確實防止他對當時的實際狀況作擁護或服從。

　　無可置疑，從法國大革命黑格爾意識到現代國家時代的來臨，而且人民對理性的社會和政治結構的要求不可阻擋。現代國家理性的哲學基礎的問題常困擾著黑格爾，並成為了其主要關心和感到最急切的問題。職是之故，黑格爾孜孜于建構一個存有理論來為沉隱於現代國家之社會和政治結構中的理性進行辯護。正如《法哲學原理》一書的副標題所標示，黑格爾於書中所描述的是自然法和政治學（political science）的基本綱要。黑格爾指出：政治科學的內容是現代國家的社會和政治結構，而自然法則旨在說明現代國家的社會和政治結構的理性。因此，黑格爾明言：公道和倫理生活之真實世界的「理性的」（rational）形式就是法律（PR 序言 7）。現在黑格爾所面對的問題是：什麼是自然法的基礎？這

使人聯想起於《純粹理性批判》中康德把自由意志視為一種理念（idea）；於《實踐理性批判》中，他指出自由意志為感性的世界提供一睿智的形式；於《公道的形上學基礎》中，他又把自然法建立在自由意志上。無可置疑，黑格爾受到康德將自然法建基於自由意志之理念的影響，儘管康德之自由意志的理念，被黑格爾從規約性（regulative）變成為建構性（constitutive）。這在《法哲學原理》到下章節中有明顯的展示。

> 一般說來權利[法律]的基礎是心靈；它的確定的地位和出發點是意志。意志是自由的，所以自由既是權利[法律]的實體也是其目標，而權利[法律]的系統不外是落實的自由的領域，是心靈的世界以第二自然的身份而出現。（PR 4 節）

> 任何具體顯現自由意志的存在，就是權利[法律]。因此，權利[法律]可被界定成作為理念的自由。（PR 29 節）

這一一顯示了自由意志的理念乃係自然法在哲學上的終極根源。那麼，自由意志一理念又如何與現代國家社會和政治結構中的理性發生關係呢？依黑格爾，自由意志一理念包含了兩個基本要素；首先是概念，另一則是概念在具體化過程中的特殊型態（shapes）（PR 1 節註）。黑格爾因而指出：

　　[自由的]概念在其發展過程中的種種樣態，從一方面
　　看，它本身就是不同的概念；從另一方面看，它們是
　　存在物（existents），因為概念本質上就是理念。因
　　此，這種發展過程中所產生的一系列概念，同時就是
　　一系列的經驗特殊形態；哲學必須適當地考察它們。
　　（PR 32 節）

事實上，這特殊型態就是現代國家中所實現的社會體系和政
治制度。

　　黑格爾現在補充道：作為思想之本質的概念被賦予了一
理性法則（PR 序言 7）。因此，在黑格爾眼中，自然法就是從
這一伴隨著概念的理性法則產生。我們同時可以見出：作為
具體現實之自由意志一理念，是透過自然法的形式中而落實
於其中。換言之，理性的社會政治結構的現代國家不外就是
這種落實過程之直接成果；這說明了緣何黑格爾宣稱：「自
由精神的絕對目的，或你喜歡的話稱為絕對動力（absolute
impulse），就是以它的自由為對象，就是把自由變成不僅從
自由應是精神本身的理性系統這個意義來說是客觀的，而且
在這系統應是直接實現之世界（the world of immediate
actuality）的意義下也是客觀的。」（PR 27 節）。從這一描述
亦可見出：自由意志一理念孕育了兩種客體化方式，第一種
是產生自然法之形式的客體化，第二種是產生現代國家之社
會和政治結構之實質的客體化。此處自然法保證了現代國家

之社會和政治結構的合理性。黑格爾還指出：自由意志理念的實現是一個從暗到明的發展過程，正如他所說：「在以自由為其對象時，精神的目的是把隱暗性的意志變成顯明的，而成為理念。」（PR 27 節）。通過這一發展過程，首先可以發現概念一直駕馭著理念，直至理念完全落實為一有系統性的整全。

依黑格爾，自由意志發展的運動原則是辯證性（PR 31 節註），由於自由意志的辯證活動顯示了其理性結構，可以稱之為辯證的理性，它同時是知識過程與對象活動之標準。在黑格爾的眼中，辯證法是肇始於柏拉圖，而由康德所發揚光大；但是即使在康德哲學中，辯證法還是被視作只是消極負面的。康德所了解之辯證理性仍然受囿于知性的有限能力。當黑格爾說：「由於知性把無限者當作僅僅是否定性和“彼岸的”東西，所以它自認為越是把無限的東西推開而遠離自己，並把它當作異物從自身中移除，那就越對它表示崇敬。」（PR 22 節註），他旨在批評康德之囿于知性之有限能力的界限內。由於只視辯證法為知性之超絕的應用，康德理所當然地掉進了一思辯理性的否定性觀點；與之相反，黑格爾指出：思辯理性所涉及的是理念與概念。自由意志理念的發展會產生一有機性的整全，而理念的概念化決定會產生經驗性的具體型態。這一於經驗中產生一連串具體型態的有機性整全的動力，就是使到它們具有一辯證的形式的原因。依黑格爾，理性的辯證活動是超越了抽象知性所能達到的範圍；

理性所關切之自身個體性與具體普遍性是知性所無法見到
的。無可置疑，思辯理性包含了概念的特殊定相為其具體內
容，亦唯如此，自由意志的辯證發展方能展開。於此義上，
自由意志的辯證發展過程同時也是思辯理性內容的開展。因
此之故，黑格爾指出：

> 這就是自由意志的概念，它作為普遍物而覆蓋在它的
> 對象上，並把它的特殊規定貫穿滲入其內，而仍能保
> 持與自身的同一。絕對的普遍物可被定義為我們所稱
> 為理性的東西，它只能通過這種思辨的方法加以理
> 解。（PR 24 節註）

在康德哲學中，實踐理性於概念層次居於最高位，而知
性則只佔次層席位。思辯理性被看作知性之半合法的使用，
此中它的規約性使用是正面的，而其建構性使用則是負面
的；黑格爾在一定程度上修改康德哲學的順序，《法哲學原
理》視思辯理性為自由意志理念的內在本性，扮演了作為抽
象法、道德、家庭、市民社會和國家之存有論根源的角色；
從黑格爾的觀點來看，康德的實踐理性只不過是這存有論根
源的一個外部發展層面，在其中它是道德的理性基礎的根
基，而知性及其規定絕大程度地排除於《法哲學原理》之篇
幅外：例如，在討論「抽象法」的章節中作為知性的規定之
占有權，就列屬於作為理性的規定之財產權下；在討論婚姻
法的章節中，知性所認可之肉體的生命環節列屬於為理性所

確認之精神性結合；而在涉及倫理生活的論題時，國家之知性環節即市民社會是列屬於國家之理性環節下。從一知性角度來看現代國家中所出現之政治權力劃分是一種有害的對立，但理性則視之為其落實過程中的一個環節。最後，知性擁護「民權統治」（sovereignty of the people），而理性則代之以君主立憲制。

從康德的觀點來看，知性實際上包含了感性經驗的向度，因為知性的使用不能超出感性領域。黑格爾繼承了這一理論，所以他用「知性」一詞來涵蓋知性和感性合作所得出的結果。在這種影響下，黑格爾也認為知性代表抽象普遍性或主觀特殊性。基於理性和知性領域的差異，可以說黑格爾《法哲學原理》含有一二元論立場；這種二元論的最重要應用是在概念上區分了市民社會和國家，而黑格爾堅持這一區分之理由在於此乃知性之規約性作用的結果。所以，當這規約性原則（regulative principle）於實踐時變成國家之社會與政治結構的存有論基礎的建構性原則，便會產生全面崩潰的惡果。在黑格爾眼中，盧梭式社會契約論的應用是這事實的明證，因為這一理論建基於知性上。在下面，我們可以見出黑格爾在其《精神現象學》中如何展示法國大革命之極端驚駭和恐怖性。

對黑格爾來說，知性規定的最大震憾性惡果見於法國大革命中絕對式自由與恐怖。他指出：法國大革命中雅各賓黨人所提倡的人民主權論就是盧梭義的普遍意志（general will）概念之實現。黑格爾的分析顯示：盧梭「把國家中個人的結合化約為一種契約，也因此化約成基於個人任意之意志、意見和隨意表達之同意的某物。而且，抽象推理又推導出一些邏輯結果，將國家之絕對神聖原則、威嚴與絕對權威破壞殆盡。」（PR 258 節註）。這裡所謂的「抽象推理」（abstract reasoning）是指知性。黑格爾認為：國家的存有論基礎是超越知性層次的「思辯理性」（speculative reason），而盧梭和雅各賓黨把國家建基於由在人民普遍意志所訂立的契約上是沒有抓到重點，但這個錯誤不是無關痛癢，它不只導致了意識層次且也在現實層次的革命。《精神現象學》說明了這種概念的混淆如何導致絕對式自由與恐怖。黑格爾首先指出：普遍意志「並不是由沈默之同意，或代議者之同意，所表達出來的關於意志的空洞思想，而是實在的普遍意志，換言之，是一個**所有個人**的意志本身。」（PS 357）[20]。內在於此一普遍意志，每一個體作為整體不可分割的部分，無論參與整體所做的任何事都是每個個體之直接和有意識的行動。因此，「這不可分割之絕對自由的實體成為了沒有任何力量能與之抗衡的世界君主」。針對此點，黑格爾作出了下列之批評：「絕對自由之實體的存在是以下列方式出現的：每個個別的意識都從自己當初被分派於其中去的那個領域超脫出來，且不再從這些特殊的領域發現其本質與工作，而將

20　譯文參考中譯本，下卷，115 頁。（譯註）

自身視為意志的**概念**（notion），把所有領域視為這個意志的本質，並且因此只能在整體工作的工作中實現其自己。」（PS 357）[21]。

黑格爾還進一步指出：在這種絕對自由中，所有作為構成整體之精神性環節之社會團體或階級都被廢除了，而作為此一精神性環節的個體意識及其意志和滿足都毫無限制地肆然而為。於是，個體意識的目標不再具普遍性，他所說的話便是具普遍性的法律，而其工作不再是帶有普遍性的工作。依黑格爾之說明：普遍意志本來是一超越和凌駕所有個體意志之公共利益，但在現實上卻變成了個體意志打著普遍意志的旗號而無法無天。現在，個體的意識獲得了這種偽裝的普遍主權，去執行「法律與國家功能」，它遂變成為一種否定性破壞力量。理由是此中所有的社會體系與政治制度已失去了其客觀基礎；而披著普遍意志外衣之個體意志的所謂普遍自由成為了所有社會體系和政治制度的基礎和根源，一切社會和政治運作都是以這種獨斷意志為其核心了。因此，在社會體系與政治制度之確立上，在普遍意志的外觀下，個體意志扮演了破壞力量的角色。所有社會存在的媒介都被這種獨斷意志的專制政權所破壞。在這專制政體的統治下，人民只能過著奴隸式生活，時刻都感受到來自其絕對性主人之死亡威脅。下列這段文字清楚地說明導致這種後果產生的過程：

21　譯文參考中譯本，下卷，116 頁。（譯註）

現在它[絕對自由之個人的普遍自由]已完全破壞了世
上之實在性組織，它現在只為自己而存在著，這就是
它的唯一對象，一個不再具有任何內容、占有物、存
在或外在廣延的對象，它僅僅就是知道自己是絕對純
粹的、自由的、個別的自我這一知識。這種對象，我
們可以根據什麼來理解呢？唯一的根據就是它的**抽象
的**存在本身。因此，[普遍自由與現實世界]這兩者的
關係是一種完全**直接的**、無中介的純粹否定，更進一
步說，是作為對一**存在**於普遍之中的個體之否定，因
為它們兩者都是不可割裂的和絕對為己的存在，而且
不能插入任何媒介物使兩者結合起來。（PS 359-360）[22]

　　黑格爾指出：破壞的力量不僅破壞社會與政治的結構，
而且也破壞個體本身的絕對自由；這種打著普遍意志與人民
主權的旗號之革命行動所帶來的結果只是空洞的虛無（empty
nothingness），是無政府的狀態。以上所敘都是黑格爾對法
國大革命之絕對式自由與恐怖的批判和檢討。在黑格爾眼
中，法國大革命導致了現代的開始，但是他也被場這革命所
產生的恐怖結果所震憾。正如同哈伯瑪斯（ Jürgen
Habermas）所言：

---

[22]　譯文參考中譯本，下卷，119 頁。第二個中括號及其內容是譯著所
　　加。（譯註）

> 黑格爾之所以讚揚法國大革命是因為他對之害怕。黑
> 格爾之所以把法國大革命提昇為一哲學的首要原則之
> 目的是為了尋求一能克服革命的哲學。黑格爾的革命
> 哲學「就是」一批判革命的哲學。[23]

在《法哲學原理》中黑格爾提出「倫理生活」的一個目的，就是想透過現代國家之理性社會體系與政治制度來消除恐怖的可能性。這是說，倫理生活的實行是消除法國大革命中所引發的所有問題之不二法門，不過這只是黑格爾之信念。他是否能夠確實把握了整個法國大革命的意義，從而解決了由此革命所引發的所有問題？針對此一問題馬克斯和沙特（Jean-Paul Sartre）直接地或間接地對黑格爾的社會和政治哲學作出了批判。兩人直接或間接地對黑格爾的社會存有論提出挑戰，以表達他們的不滿。

首先對黑格爾社會存有論作出批判的哲學家是馬克斯。馬克斯《黑格爾法哲學批判》一書旨在攻擊黑格爾哲學。究竟有何線索可助了解馬克斯對黑格爾哲學之背離呢？雖然黑格爾鮮明地區分了市民社會與國家，且把國家置於市民社會之上，但這並不表示國家與市民社會是兩個沒有任何有機關係而連在一起的獨立領域。如同前面已指出的：兩院議會（the Estates）和法人團體可以幫助市民社會與國家之整合

---

[23]　參見哈伯瑪斯，《理論與實踐》（*Theory and Practice*），trans. John Viertel (Boston: Beacon Press, 1973), p.121。

24。依黑格爾，具體的國家是一整體，其中有許多特殊的團體。一個國家的成員就是其中一個團體、一個社會階級的成員。而且只有當他具有這種客觀身分，他方能被視作國家之一員。他之所以被視為普遍的意謂著他既是一獨立的個人，同時也是一有思想的意識，即一能夠意欲普遍性的意志。黑格爾繼續說：

> 但這種意識和意志只有當它們充滿了特殊性，且特殊性是被界定為作為特殊物之直接性和一個特殊的階級地位時，它們才不是空洞的，且才能獲得內容和活生生的實在性；或者，換個角度說，抽象的個體性是個一般的性質（或類的本質，generic essence），但卻有

24　請參考前面 3-1 節，150 與 163 頁和註釋 14。這裡必須對 "the Estates" 之翻譯問題提出說明。根據本論文之指導教授 William L. McBride 教授的回信，黑格爾所使用之德文原文 Stände，可以指涉"the Estates"，其意義是「普魯士議會的兩院式制度」，也可以指涉階級或等級，classes。但是，黑格爾主要都是使用前者的意義。黑格爾本人也曾明白地註釋到該德文原文的這兩重意義，並認為這是可理解的，因為這兩重意義原本是相等的，也就是說：議會的兩種主要成員對應了兩種階級。McBride 教授的原文如下：*there is a paragraph in which Hegel explicitly notes the dual meaning of the German word, and says that it is understandable because originally the two were really equivalent: that is, the two principal components of the Assembly really did correspond to the two "classes," or "estates of the realm."* 另外，McBride 教授也指出：在馬克斯早期的著作中（如本節下面提到的馬克斯對黑格爾法哲學之批判[譯註]），英譯本使用的"the Estates"也是指涉同樣的現象：兩院式的立法議會。（譯註）

> 其內在的普遍實在性作為其一般性質,而其等級是次
> 高的。因此,單獨的個人只有當他成為一個同業公
> 會、一個社會……的成員時,他才獲得他的實在的與
> 活生生的朝向普遍性的命運,也因此,藉著他個人的
> 能力,他就有機會進入任何他有資格進入的階級,包
> 括市民公僕階級。(PR 308 節註)

這是黑格爾連接市民社會和國家兩者的方式。黑格爾認
為只有透過這種連接方能滿足法國大革命對政治自由的要
求。這是說,黑格爾將人民主權的極端民主制改造成階級與
團體代議的間接民主制。一言以蔽之,黑格爾採用一有機式
取代了原子式的進路,來達致法國大革命所追求之政治自
由。此一「有機的」(organic)方式旨在整合市民社會和國
家,這是一種緊扣經濟因素來落實政治自由的觀點。換言
之,以兩院議會和法人團體的組織作為中介,黑格爾把市民
生活中的經濟向度轉變為政治向度,使得私人利益放在公共
利益之下。於此義上,黑格爾說兩院議會「處於整體之政府
與打散成特殊體(人民和社團)的國家之間」(PR 302 節)。
針對黑格爾這一從市民社會到國家過渡的敘述,馬克斯作出
了嚴厲批判。馬克斯認為,黑格爾所提出達致政治自由的方
式只是一謊言,儘管從黑格爾的思辯理性觀點出發它是可以
証成的。基于這種不滿的動機,馬克斯試圖透過克服黑格爾
的社會存有論來瓦解其整個社會與政治哲學體系。

馬克斯非常清楚黑格爾藉由兩院議會綜合市民社會與國家的手法，馬克斯指出：在黑格爾眼中，兩院議會是「市民社會與國家的綜合」（CPR 67），於此義上，「兩院議會是市民社會在國家中的代表」（CPR 66）。但馬克斯同時指出「兩院議會的意見、意志是令人懷疑的，因為他們純從私人的觀點和私人的利益出發的」（CPR 64）。因此之故，馬克斯宣稱：由於人民的實際事務早在沒有人民的參與下已被設立，「兩院議會只是市民社會的政治幻想」（CPR 62）。這是說：

> 兩院議會代表了一個不是國家的社會中的國家，國家**只是一種表象**（eine blosse Vorstellung）。（CPR 69）

透過這一分析，馬克斯指出：「現代國家體制的一切矛盾都聚焦於兩院議會」（CPR 69），而且「兩院議會是一立憲國家經過過濾的合法謊言，這謊言宣稱國家是人民的利益或人民是國家的利益」（CPR 65）。立足於此一分析，馬克斯對黑格爾作出了下列之批判：

> 依黑格爾法哲學，現代國家中之公共事務的意識和實在性，僅只是形式的，或者只是現實公共事務的形式建構。

> 黑格爾之失不在於對現代國家的現狀之描述，而是在於他對國家的本質的掌握。非理性的現實正好與其「凡是合理的都是現實的」一主張相矛盾。事實上，

> 到處存在的都與其所言相違背,而斷言了與之相反的
> 現實。(CPR 64)

馬克斯對黑格爾的批判旨在展示兩院議會實際上是暴露了黑
格爾之市民社會與國家的區分是一種幻象。正如馬克斯所指
出:事實上是私人利益和兩院議會的特權支配了國家政治因
而導致其異化。

　　針對馬克斯之批判,黑格爾可能會做出下列之答辯:由
於國家普遍的統治階級仍是由官員所組成的官僚體系,可以
保障人民公共的利益;因此兩院議會並不能決定國家的本
性。官僚作為「中間階級」,其成員是從受過教育的人民
中,經由事務考試而被挑選出來的,這個階級主要目標是要
保持擁有政治權力的統治者和兩院議會或各企業間的政治力
量平衡,正如黑格爾所指出:

> 市民公僕與行政人員是國家中間階級的主要組成部
> 分,全體民眾的權利意識和發展出的智慧可在這一階
> 級中發現。這個階級之所以不至於取得菁英政治或貴
> 族政治的孤立地位,而且其教養與才能不會成為任意
> 獨裁的工具,是因為有統治者從上頭,以及同業公會
> 之權利從底層,對這中間階級進行制約的結果。(PR

297 節）[25]

　　馬克斯非常清楚，官僚是建基於市民社會與國家的區分或二元性（CPR 45），但他卻認為這作為普遍階級的官僚只不過是市民社會中的司法者，因而與大企業存有一個共同的前提（CPR 44-45）。馬克斯於是將官僚視為「企業的頭腦」（corporation mind）。這意謂黑格爾思辨哲學中的官僚只是一個空洞的概念，它的真正內容是由企業的特殊利益所注入。官員口中所說出來的只不過是企業的意欲而已。因此之故，馬克斯指出：「黑格爾對於官僚內容完全沒有交代，只是對其形式組織作出一般性的提示；而事實上，官僚僅是作為一種來自其本身之外的內容之形式」（CPR 45）。因為行政力量只能反映企業的特殊利益，所以我們只能說國家的大本被市民社會所侵蝕了；因而，產生了一種「質變」（transubstantiation）的現象：市民社會擁有了國家的形式，而國家淪為市民社會。馬克斯遂作出了下列之結論：「企業是企圖成為國家的市民社會，而官僚則確實是淪為市民社會之國家。」（CPR 46）

　　通過上述的方式馬克斯論証黑格爾的國家只是從實在的市民社會所抽象出來。所以，國家沒有獨立的基礎，而只不過是黑格爾思辨哲學的一妄想性產物。馬克斯事實上強調：

---

[25]　在本節的註釋中，黑格爾說：司法制度有時候會成為營利和獨裁的工具。（譯註）

這種政治實體根本不會考量任何公共的利益，而只會讓市民社會追逐特殊的利益。從其對法國大革命之分析可見，黑格爾認為現代國家源自市民社會和國家之清晰的區分。但是，馬克斯卻堅持法國大革命所釋放出來的市民社會無法解決一切革命群眾原想克服之政治問題，人民所要求是一個民主的政府，這一點完全被黑格爾忽略。因此，馬克斯指出：黑格爾之區分和綜合市民社會和國家之方式只是確認了國家的無能。職是之故，馬克斯宣稱：

> 只有當法國大革命完成從政治階級到社會階級的轉
> 變，換言之，使市民社會的階級區分轉變為只是社會
> 階級的區分，只屬於私人生活而無關乎政治的生活，
> 這樣，政治生活和市民社會的分離才能真正地完成。
> （CPR 80）

依馬克斯，黑格爾的錯誤是植根於黑格爾依靠思辯理性來証成市民社會與國家的區分，而討論其結合時也沒有注意到現代國家的真實情況。馬克斯指出：《法哲學原理》所了解的現代國家實際上是受「個人主義原則」（principle of individualism）所支配。在此原則之下，個體的存在是最終目標，而一切活動、勞動、滿足等都只不過是工具（CPR 81）。所以，馬克斯宣稱：「黑格爾所要建立的市民社會階級只是政治階級；而為了證明這一點，他主張市民社會階級是政治國家的特性。這是說，市民社會就是政治的社會。」（CPR

79）如前所示，在馬克斯的眼中，市民社會和國家的二元性作為黑格爾社會存有論的一個原則，蘊涵了市民社會就是國家的實在，後者只是前者之空洞的抽象。他認為黑格爾犯了變質說之謬誤（CPR 79）。職是之故，馬克斯採取了費爾巴哈（Ludwig Andreas Feuerbach）的轉變法來修正這一錯誤。

依照馬克斯的看法，黑格爾「凡是合乎理性的都是現實的，凡是現實的都是合乎理性的」這一主張有許多矛盾。馬克斯認為黑格爾應用絕對的概念來說明人類社會與政治的制度，因而將政治理論提昇至思辨知識和哲學學說的層次。換言之，人類社會體系與政治制度被黑格爾視為「絕對理念」（Absolute Idea）的特殊模式，及作為絕對理念自我規定中的不同階段（CPR XXXI）。在馬克斯眼中，黑格爾顛倒了事物的次序：把真正的主詞變成了謂詞，又把真正的謂詞變成了主詞。這使得支配者變成為被決定者，生產過程變成為產品（CPR XXXII-XXXIII）。因而，馬克斯所不滿于黑格爾的法哲學者，並非說黑格爾在描述社會與政治現況有任何之失實，而是因為他思辨地把主詞和謂詞倒置了，且還用一種神祕的氛圍淹蓋了經驗的實在性（CPR XXXIII）。馬克斯宣稱：這樣的一種思辨哲學導致我們錯誤地將非理性狀態當作終極之合理性來接受，因此，只要仍囿于思辨理智結構內，我們就不能對存在的社會與政治情況採取一批判的態度，因為思辨性思維在本質上是一種非批判性思維（CPR XXXV）。職是之故，馬克斯指出：「黑格爾的主要錯誤在於他將現象中的矛

盾看成是本質中（即理念中）的統一性。但其實在其本質中有一更深刻的東西，這就是本質性矛盾。」（CPR 91）。透過這些論証，馬克斯斷定黑格爾是一個「詭辯者」（sophist），一個「政治的保守主義者」（a political conservative）。

不過，像黑格爾一般，馬克斯亦反對法國大革命期中雅各賓黨人所帶來之絕對式恐怖。馬克斯認為雅各賓黨人比黑格爾更為差勁。因為他們對以下一點完全無知：這一偉大的運動已把市民社會從封建君主的政治籠罩中解放出來，從而成為一個可與政治國家抗衡的獨立領域，使得經濟條件成為了考量社會革命之危機時期的主要指標[26]。馬克斯確實發現了在黑格爾所關注之市民社會內發動共產主義式革命的線索。馬克斯認為現代國家是受到市民社會的經濟生活所全面支配，生活其中的人們只是異化了和扭曲了的存在。黑格爾宣稱現代社會的理性結構會保證一切生活於其中的人們可以自由地生活。但是馬克斯卻致力於指出市民社會中在毫無人性的資本主義壓迫下之種種不自由的經驗事實。在黑格爾的眼中，市民社會含藏了將自身提升至屬於國家的倫理生活的種子。但在馬克斯的眼中，市民社會含有毀壞它本身的種子。在黑格爾式社會中，市民公僕這一普遍階級操控國家機器；

---

[26]　關於馬克斯對法國大革命觀點的這一解釋，主要是參考 Shlomo Avineri 的《卡爾‧馬克斯的社會和政治思想》（*The Social and Political Thought of Karl Marx*）一書(Cambridge: Cambridge University Press, 1968), pp. 185-201。

而在馬克斯式社會中，無產階級這一「普遍階級」將帶領人民展開實現其人性的社會革命。在法國大革命中出現的「巴黎公社」，激發了馬克斯之社會理想。

馬克斯所追求的是人性的自我發展，這是說，自由是他的主要關懷。他認為資本主義社會導致生活其中的人之異化，因為在此中之物化過程，將使到所有人與人之間的人性關係變成了物與物之間的客觀關係。資本主義體系無疑使人們透過商品的交易而關連在一起，個體的社會地位、生活的準則、需求的滿足、自由和權力總總都是通過他們之商品的價值來決定，個人的能力和需求在這一價值衡量中是毫無地位的，因而人性成為了金錢的函數，金錢是商品的流通替代。在馬克斯的眼中，勞動應該是人之存在的、自由的、有意識的活動。這是說，勞動並非為維持人之生命，而是為發展其普遍的本性的手段。只有當所有人都是自由，且是作為普遍存在者而存在時，人才是自由的。但在資本主義社會中，與發展其自由的身體和心靈的能量背道而馳，人只能消耗其身體，和摧毀其心靈[27]。馬克斯指出：市民社會是黑格爾《法哲學原理》的最基本的向度。而且，市民社會正呈現了現代異化的資本主義社會。馬克斯同意在這種社會中司法具有其重要性。這是說，資本主義社會可能具有一套可行的權

---

[27] 這個對馬克斯社會理論的解釋主要依據於 Herbert Macuse, *Reason and Revolution*, pp. 185-201。

利和義務的結構。所以，馬克斯並沒有批判黑格爾在《法哲學原理》一書中，關於市民社會中之司法制度的討論。事實上，馬克斯從未宣稱資產階級統治（bourgeois rules）下的個人在司法上有受到一全面的壓迫[28]。問題只是在於社會司法並不能保證人的自由。在黑格爾體系中，個人的自由於市民社會得到充分的表現，而集體的自由則是在國家中得到充分的表現。但是從馬克斯的觀點來看，這種個人的自由是抽象且是受到限制的，而這種集體的自由則是無根的且是虛幻的。

與馬克斯相若，沙特反對黑格爾的思辯理性。在《尋求一個方法》一書中，沙特指出黑格爾哲學體系雖然龐大，但卻已是一不合時宜的哲學（SM 7）。沙特認為黑格爾完全忽視了「**存有不能化約為知識**」（CDR 23），他因而反對黑格爾以思辯理性來証成社會體系與政治體制之手法。在沙特的眼中，黑格爾的思辯理性只能描述「整體性」，它顯示了「**實踐上惰性**」（或物役僵滯，practico-inert）[29]狀態的存在，這是我們平常生活中疏離的和被動的存在狀態。所以，產生整體現象的綜合性統一並不是一種活動，而只係一往昔行動的遺跡。

---

[28]　這個對馬克斯公道觀念的解釋依據於 G. G. Brenkert, "Freedom and Private Property in Marx"，收於 *Marx, Justice, and History*, ed. Marshall Cohen, Thomas Nagal, and Thomas Scanlon (Princeton: Princeton University Press, 1980), p. 93.

[29]　此詞譯為「物役僵滯」係蔣年豐教授原本使用的譯法，「實踐上惰性」則為陳榮灼教授建議之譯詞。（譯註）

不過，正如黑格爾一般，沙特認為辯證理性（dialectical reason）乃是**瞭解**（或**體悟**，comprehend）[30]存有的認知方式。沙特步黑格爾之後塵區分了辯證知識與分析知識。沙特認為辯證既是一方法同時也是對象中之運動，他並指出：知識的過程是辯證的，對象的運動自身就是辯證的，而這兩種辯證其實是同一的（CDR 20）。沙特說：

> 辯證理性並非單是建構理性（或建構性理性，constituent reason）或建制理性（或被建構的理性，constituted reason）。它之為理性乃是在這世界中並且經由這世界來建構自己，在自身當中瓦解所有已存在著的建制（被建構）理性以建構新的建制（被建構）理性；之後，辯證理性還要超越並瓦解這些新的建制（被建構）理性。所以，它同時是一種理性和對所有理性的超越。（CDR 21）[31]

於此範圍內，沙特的辯證理性與黑格爾的辯證理性扮演著相同的角色。如上所指出：黑格爾的辯證理性有自由意志的理念為其發動機，而且也有概念作為社會和政治結構之理

---

[30]　此詞譯為「體悟」係蔣年豐教授原本使用的譯法，「瞭解」則為陳榮灼教授建議之譯詞。見下一個註中提到的著作（譯註）

[31]　這段文字的翻譯可見蔣年豐教授所著之《海洋儒學與法政主體》一書（台北：桂冠圖書，2005），第十章〈從法國大革命到文化大革命—論沙特的政治心靈〉，第 151 頁。我們對譯文作了一些修改。「建構性理性」和「被建構理性」則為陳榮灼教授建議的譯詞。（譯註）

性形式。這表示所有社會的理性制度都是辯證理性發展的產物。但沙特的理論似並不含有這種面向。因此，我們所感興趣的問題是：如何去顯示沙特與黑格爾的不同？從以下沙特在《辯證理性批判》一書的引文中可找到兩者差異的線索。

> 如上所見，對黑格爾而言，辯證知識的必然性，蘊涵了**存在、行動和知性**的同一性；但馬克斯首先指出物質性存在不能化約為知識，在實際的效力上，實踐是勝過知識的，無疑這就是我的主要立場。（CDR 24 頁）

　　十分明顯地，馬克斯的影響導致沙特與黑格爾的思想分家。人類的實踐活動明確地就是辯證理性的根源。對沙特而言，辯證理性是在一特定時空中的社會，「人類實踐」（human praxis）活動中方建立出來（CDR 33）。沙特在說明其「辯證名目論」（dialectical nominalism）時宣稱：「辯證若是存在也只能是由一進行整體化之個體的多樣性所產生之具體性整體化的整體化（the dialectic, if it exists, can only be the totalization of concrete totalizations effected by a multiplicity of totalizing individualities）。」（CDR 37）[32]沙特提出其辯證名目論的目的便是在於攻擊黑格爾。沙特明言：

> 總之，為了保留黑格爾式理念（即意識在他者中認知

---

[32]　蔣教授在出版的沙特論文中，將 totalization 主要譯成「全體化」，亦曾譯為「總體化」。（譯註）

其自身，而且在自身中認知到他者），但又要完全拋棄其唯心論，我必須主張作為辯證行動的所有人類實踐活動必須對個體顯現為其自身實踐之必然性；逆言之，對所有人來說，其個體實踐的自由必須再顯現於所有人之中，對個體顯示出一種產生自由和個體一己之存在的辯證。辯證作為活動的生動邏輯是一觀解式理性所無法見到的，它只顯現在作為其必然的活動之環節的實踐脈絡中。換言之，在每一行動中，它被全新地創造出來……。而在行動發展中，於開始作自我說明時，它便成為一種理論的和實踐的方法。（CDR 38）

因此，黑格爾和沙特的辯證理性有所不同。從沙特之角度來看，黑格爾的辯證理性是思辨的與觀解的（contemplative）；而沙特的辯證理性則是「瞭解的」（或體悟的，comprehensive）和活動的[33]。沙特認為黑格爾的辯證理性所呈現的不外是代表僵化和墮性的整體性，而沙特的辯證理性所呈現的是與所有整體（它們本身為人所創造）互動之人類實踐。從沙特的觀點來看，人之必須透過物作為中介亦如物必須透過人作為中介。（CDR 79）此中有一個辯證性循環，這一辯證性循環的特質見諸「整體化過程」

---

[33]　沙特說：「瞭解只是實踐對自己的透澈清楚，不論它是在建構自身中對自己的解釋，或是在他者的實踐中對自己的認知。」（CDR 74）

（totalization）。沙特之辯證理性並不描述任何東西，而不外係這種整體化過程。沙特因而說：「如果辯證理性存在，那麼，從存有論的角度來看，它只能是一發展中的整體化過程，而在整體化過程中出現；從認識論的觀點來看，它也只能是整體化過程之自我認識，那原則上能夠通過將其程序加以整體化來掌握之整體化過程。」（CDR 47）

　　沙特將辯證理性區分為兩類：一種是建構理性（建構性理性），另一種是建制理性（被建構的理性）。建構理性涉及個人的實踐；在個人的實踐中，自由找到最完滿的表現。通過這種自由我們可以超越在我們日常生活中感到無能為力和被動的物役僵滯（實踐上墮性）一異化的狀況。在一個特殊的時刻，我們發現：像我們一樣，其他人也追求他們一己的自由；我們同時發現：此中有一自發的力量作為中介將所有人連繫在一起，由此產生了一個共同的實踐（common praxis）。這種共同的實踐是建制理性的第一階段。沙特認為界定個人的實踐的自由不會在共同的實踐中消失。在開始的階段，這種以自由為其本質的共同實踐稱為「聚眾」（group-in-fusion）[34]。正如個人的實踐從物役僵滯中脫離時，群體（group）從序列中脫離。序列不外是個體聚集時所形成的和被動毫無力量的存在狀態。沙特指出群體具有一倫

---

[34]　因法文 group en fusion 的解釋，這一翻譯（group-in-fusion）比 fused group 這一翻譯較好。

理結構：它反叛的形式出現來反對異化的被動性。這種反叛
包含了一種產生震撼整個社會結構的激烈變革可能性。麥克
布萊德（W. L. McBride）在解說沙特社會和政治哲學時，便
很有洞見地強調了這一點[35]。在大革命運動期間，暴力或招致
死亡的危險是不可避免的[36]。這一切都清楚地見諸沙特下列之
論點：

> 聚眾（fused group 即 group-in-fusion）的基本特性是猛
> 然迸發的自由……猛然爆發的背叛行為消除了萎靡無
> 力的集體生活，它不是**直接**來自於自由所顯發的異化
> 或者無力的自由（freedom suffered as impotence）；這
> 個力量緣起於各種歷史環境的結合，包括了社會環境
> 的變革，生命危險，以及暴力。（CDR 401）[37]

由於使用叛變、鬥爭和暴力作為革命行動的必要手段，
所以聚眾是一戰鬥團體。聚眾作為建制理性第一階段，本身
是由連續性的時期所演進而成的；然而，這些連續性的時期

---

[35]　參看其著作 *Fundamental Change in Law and Society* (The Hague: Mouton, 1970), p. 118。

[36]　這裡對沙特哲學的解說，大都依雷蒙・阿宏（Raymond Aron）之《歷史與暴力的辯證》（*History and the Dialectic of Violence*）一書中的看法，trans. Barry Cooper (New York: Harper Torch books, 1976), pp. 54-86。

[37]　本段譯文也是根據蔣教授自己的譯文，並增譯其未引用的句子。見其《海洋儒學與法政主體》，152 頁。（譯註）

總是帶有再淪為物役僵化，即從辯證到反辯證之傾向。此中可分為四個時期：「**信誓**」（oath）產生同志－恐怖（brotherhood-terror）的情況；接著是「**組織**」（organization），它是聚眾形式化的第一階段；再經組織制度化而形成了「**制度**」（institution）；最後由制度而演變為「**統治**」（sovereignty）、「**權威**」（authority）和「**官僚**」（bureaucracy）。

　　不難見出：沙特所描述的是從巴士底監獄（the Bastille）的風暴所引發之法國大革命的經驗，在這場革命所給出的啟示中，沙特發現當自由的理想為戰鬥團體所實現時，這就是一個完美的時刻。沙特指出：在聚眾內所有的成員都緊密的結合著[38]。換言之，在整體化我和其他所有人之聚眾的辯證性整體化（dialectical totalization）發展的行動中，我知道自己的實踐本身就是我和其他人在其中進行整體化之聚眾的實踐。在這個自由遍地發展的情況下，首度出現了沒有他人的「**我們**」（us），只有「**我們自己**」（myselves）；一言以蔽之，「聚眾的綜合式統一，是在每個人身上，自由是作為共同行動之自由的綜合性發展。」（CDR 394-395）在聚眾之建構的過程中，每個人是一個統治者，因而彼此間沒有任何的衝突。無可置疑，在這樣的聚眾內「互為主體性」

---

[38]　沙特稱這些緊密結合的團體為「第三縱隊」（third parties）（CDR 374）。

（intersubjectivity）的自由充分地得到實現。現在我們面對的唯一問題是：這一完美的時刻能維持多久？在革命的熱情消散之後，我不能保證我自己和其他的參與者，明天都會像今天一樣行動；為了讓革命行動能夠持續下去，這戰鬥的聚眾必須要求每位參與者訂立誓約以表示對革命的效忠；於是，聚眾轉變成為一個「博愛式的聚眾」（fraternal group），此中的每一個人通過他人認可自己，正如他人為我所認可。但實際上，這是一種恐怖主義式博愛關係，因為此時的聚眾承擔必須永久信守誓約的使命，並且要毫不留情地去除任何可能的背叛者，這表示壓迫與恐怖成為維繫聚眾團結與統一其中之個體的唯一方式，而且當其長期存在是要靠兄弟幫恐怖的方式，那麼，戰鬥的聚眾必須服從第二種必然性，就是「**組織**」作為建制理性之危機性經驗的第二種行動。這意謂每一個參與者自動地只擔任一項專門性工作。不過此中並沒有分工的情形。在這時期中聚眾之所以組織起來只是為了收到功效。因此，此時它還沒有淪入為物役僵滯狀態。沙特指出：由於此時期聚眾之活動純屬被動，這表示聚眾中每個人通過活動而使自己變成為被動。

從這種能動的被動性（active passivity），聚眾很快便淪落為被動的能動性（passive activity），這是瀰漫著物役僵滯的存在狀態；從能動的被動性轉變為被動的能動性是在「**制度**」（institution）中完成的。沙特說：

我們已思考了能動的被動性同時作為誓約上墮性的規限性產物和共同活動的一可能條件；而在物役僵滯的狀態中，我們也見出被動的能動性乃是異化的一個結果。現在我們必須將沉淪中聚眾之制度視為從一者到另一者之**過渡**。（CDR 603）

制度產生了統治者、執法者和官僚制度。沙特指出：作為建制（被建構）理性的第三階段之制度無疑強化了組織的優勢，同時也增加其危險度，就是：在聚眾成員間的相異性愈來愈大（growing alterity）。愈多人相互差別，則愈容易在執行任務時遺忘他們的誓約，而且愈需要一個專門的「機構」（agency）來負責維持聚眾的存在和發佈命令。這樣的一種「機構」不能像在聚眾中由一個成員傳給其他成員，而是專屬於一個專門的制度；這種機構實際上包含了統治者、執法者和官僚制度。

雷蒙·阿宏暗示：我們可以把沙特式的制度與市民社會的結構等量齊觀，而把沙特式的統治者、執法者和官僚制度與國家的結構相提並論[39]。無疑如上所述，制度形成之前的階段就是自由的領域，而在制度形成後的階段則是權利與義務

---

[39] 雷蒙·阿宏也指出「自由實踐與傳統十七世紀哲學家的『自然狀態』（state of nature）相同」，參見其著作《歷史與暴力的辯證》，pp. 60-7。但十七世紀的哲學家是否已有任何關於自由實踐的觀念，則是值得懷疑的。

的領域。自由在本質上就與權利、義務不相容。這意謂，為
了獲得自由，人們必須破壞一個社會的所有的司法結構。這
就是法國大革命背後的立場。沙特指出了這一點。

　　黑格爾認為，自由的理念產生了權利和義務的社會結
構。在黑格爾哲學中，自由和權利、義務是相容的。十分明
顯，黑格爾眼中的國家一方面代表了自由的全幅實現（PR 258
節），另一方面代表了權利和義務的統一（PR 261 節註）。黑
格爾很了解表現在法國大革命中之自由的無限價值。不過他
把自由視為建立一社會結構之新秩序的存有論基礎。一言以
蔽之，他把意志的「絕對自由」（absolute freedom）視為構
造一新的社會秩序以克服絕對恐怖的基礎。黑格爾的辯證理
性在從自由理念發展出權利與義務的社會結構中展現自己。
與黑格爾的方式不同，沙特的辯證理性在對基於權利與義務
而有之社會結構的物役僵滯的破壞上展現自身，以顯示個人
和共同實踐的自由。有趣的是：沙特以一負面的立場對待黑
格爾式的社會結構，而黑格爾也會以一負面的立場對待沙特
式的聚眾。

　　黑格爾指出：所有社會的「**理性的**」制度都是辯證理性
進程的產物。現在從上述對沙特哲學的探討中，可以見出：
在沙特的眼中，社會制度也是辯證理性進程的產物。但與黑
格爾不同的是，沙特觀察到這種方式建立出來的社會制度完
全是「**非理性的**」。事實上，沙特覺察到當辯證理性用於建
立社會制度時只會產生惡果。它的真正的用途在於破壞那些

成就人之桎梏的社會制度。沙特指出：這類的社會制度在概念層次上乃係屬於分析性理性的產物，而用黑格爾的術語來說，這是知性的產物。黑格爾和沙特無疑都贊成「知性的使用是負面的」這一觀點。不過他們在達到這一結論的理由上卻不盡相同。黑格爾視知性為一「解消的能力」（dissolving faculty），而沙特則把它看成為一「墮性化的能力」（inertializing faculty）。黑格爾認為辯證理性的建構性（constructive）功能必須對知性的負面性作用加以控制和制約；而沙特則主張辯證理性的解構性功能必須顛覆和打破知性的確定性（positivity）。從這一對比可以見出沙特與馬克斯相似，但只不過是用了另一種方式來「反轉」（reverse）黑格爾的思辨哲學。

　　黑格爾、馬克斯和沙特各自以一己對法國大革命的觀察為基礎而分別建構出他們的哲學理論。其不同的哲學模式或社會存有論反映了他們對這場巨大變動的不同解釋與評價。黑格爾的《法哲學原理》提出了首個現代國家的社會存有論。依黑格爾，現代國家的歷史任務在於將理性實現於其社會系統與政治制度中。馬克斯和沙特則孜孜於揭示現代國家的成立是代表了非理性。他們認為造成對現代國家的不正確了解是直接地源自我們對法國大革命的不正確了解。他們因而提出新的途徑來解讀這一場巨大的變動。對黑格爾而言，法國大革命是圓滿地結束了。但對馬克斯和沙特來說，法國大革命仍是未完成的。依黑格爾，現代國家是法國大革命的

正面結果；但在馬克斯和沙特的眼中，我們仍需要另一場革命去克服現代國家的所有異化，職是之故，馬克斯和沙特會對黑格爾的社會存有論加以抨擊。

（楊劍豐譯）

結　論

　　我們的研究以八位哲學家（柏拉圖、亞里斯多德、霍布斯、盧梭、康德、馬克斯、沙特和巴柏）之社會與政治哲學作為脈絡來展開對黑格爾社會存有論的探討。而這項研究也得出了以下之結論：黑格爾社會存有論本身提供了一新的觀點來對這八位哲學家的社會與政治哲學進行研究。無可置疑，這使到了解黑格爾的社會與政治哲學與這八位哲學家的哲學都有了一嶄新的意義。我們的研究同時證明：黑格爾**繼承**了柏拉圖和亞里斯多德之倫理生活的理想，**轉變**了現代自然法理論中之自然法的看法，另一方面也**克服**了傳統契約論中之社會契約的觀點。黑格爾亦間接地**引發**了馬克斯哲學的出現，乃至沙特對之所作的存在主義式解說。而且從這一項研究中，可以見出作為巴柏政治觀念之概念基礎的知性與作為黑格爾政治理念之概念基礎的理性之間的**尖銳對立**。所有這些複雜而密切的關係在在顯示了黑格爾社會與政治哲學的豐富與深奧。正如康德的《純粹理性批判》是西方形上學與認識論史中的最高峰，黑格爾的《法哲學原理》是西方社會與政治哲學史中的最高峰。

（楊劍豐譯）

引用書目

Aron, Raymond, *History and the Dialectic of Violence*, trans. Barry Cooper (New York: Harper Torchbooks, 1976).

Aristotle, *The Nicomachean Ethics*, trans. David Ross (Oxford: Oxford University Press, 1980)

Aristotle, *The Politics*, trans. T. A. Sinclair (Penguin Books, 1981).

Aristotle, *The Politics of Aristotle*, trans. Ernest Barker (Oxford: Oxford University Press, 1946).

Avineri, Shlomo, *Hegel's Theory of the Modern State* (Cambridge: Cambridge University Press, 1972).

Avineri, Shlomo, *The Social & Political Thought of Karl Marx* (Cambridge: Cambridge University Press, 1968).

Avineri, Shlomo, "Labor, Alienation, and Social Classes" in *The Legacy of Hegel: Proceedings of the Marquette Hegel symposium 1970*, ed. J. J. O'Malley (The Hague: Martinus Nijhoff, 1973).

Barker, Ernest, *The Political Thought of Plato and Aristotle* (New York: Dover Publications, Inc., 1959).

Benhabib, Seyla, "Natural Right and Hegel: An Essay in Modern

Political Philosophy" (Yale University, Philosophy, Ph. D., 1977)

Cairns, Huntington, *Legal Philosophy form Plato to Hegel* (Baltimore: The Johns Hopkins Press, 1949).

Cohen, Marshall (ed.), *Marx, Justice, and History* (Princeton: Princeton University Press, 1980).

Foster, M. B., *The Political Philosophies of Plato and Hegel* (Oxford: The Clarendon Press, 1935).

Habermas, Jürgen, *Theory and Practice*, trans. John Viertel (Boston: Beacon Press, 1973).

Hegel, G. W. F., *Early Theological Writings*, trans. T. M. Knox (Philadelphia: University of Pennsylvania Press, 1948).

Hegel, G. W. F., *The Difference between Ficht's and Schelling's system of Philosophy*, trans. H. S. Harris & Walter Cerf (Albany: State University of New York, 1977).

Hegel, G. W. F., *Hegel: The Difference between the Fichtean and Schellingian Systems of Philosophy*, trans. J. P. Surber (Atascadero: Ridgeview Publishing Company, 1978).

Hegel, G. W. F., *Natural Law*, trans. T. M. Knox (Philadelphia: University of Pennsylvania Press, 1975).

Hegel, G. W. F., *System of Ethical Life(1802/3) and First Philosophy of Spirit* (Part III of the System of Speculative Philosophy 1803/4), trans, H. S. Harris & T. M. Knox

(Albany: State University of New York Press, 1979).

Hegel, G. W. F., *Hegel and the Human Spirit: A Translation of the Jena Lectures on the Philosophy of Spirit (1805-6) with Commentary*, trans. Leo Rauch (Detroit: Wayne State University Press, 1983).

Hegel, G. W. F., *Hegel's Phenomenology of Spirit*, tarns. A. V. Miller (Oxford: Oxford University Press, 1977).

Hegel, G. W. F., *Hegel's Political Writings*, trans. T. M. Knox (Oxford: The Clarendon Press, 1964).

Hegel, G. W. F., *Hegel's Philosophy of Right*, trans, T. M. Knox (Oxford: Oxford University Press, 1952).

Hegel, G. W. F., *Lectures on the Philosophy of World History. Introduction: Reason in History*, trans. H. B. Nisbet (Cambridge: Cambridge University Press, 1975).

Hegel, G. W. F., *The Philosophy of History*, trans. J. Sibree (New York: Dover Publications, Inc., 1956).

Hegel, G. W. F., *Hegel's Logic: Part One of the Encyclopaedia of the Philosophical Sciences (1830)*, trans. William Wallace (Oxford: The Clarendon Press, 1975).

Hegel, G. W. F., *Hegel's Philosophy of Mind: Part Three of the Encyclopaedia of the Philosophical Sciences (1830)*, trans. William Wallace (Oxford: the Clarendon Press, 1971).

Hegel, G. W. F., *Hegel's Lectures on the History of Philosophy*, trans. E. S. Haldane & F. H. Simson (New Jersey: Humanities Press, 1974).

Hegel, G. W. F., *Werke in Zwanzig Bänden, 4. Nürnberger und Heidelberger Schriften 1808-1817*, (Frankfurt: Suhr Kamp Verlag, 1970).

Hegel, G. W. F., *Die Philosophie des Rechts: Die Mitschriften Wannenmann (Heidelberg 1817/18) und Homeyer (Berlin 1818/19)* (Stuttgart: Klett-Cotta, 1983).

Hegel, G. W. F., Philosophie des Rechts: Die Vorlesung von 1819/20 in einer Nachschrift herausgegeben von Dieter Henrich (Frankfurt: Suhrkamp Verlag, 1983).

Hegel, G. W. F., Vorlesungen über Rechtsphilosophie 1818-1831, four volumes, (Stutgart: Friedrich Frommann Verlag Gunther Holzboog K G, 1973-4).

Hertzler, J. O., The History of Utopian Thought (New York: Cooper Square Publications, Inc., 1965).

Hobbes, Thomas, Leviathan, trans. Michael Oakeshott (London: Collier-Macmillan Ltd., 1969).

Ilting, K. –H., "Hegels Auseinandersetzung mit der aristotelischen Politik" in Philos. Jahrbuch, LXXI, 1963-4.

Kant, Immanuel, Critique of Pure Reason, trans. N. K. Smith (New York: Macmillan & Co., Ltd., 1965).

Kant, Immanuel, Critique of Practical Reason, trans. L. W. Beck

(Indianapolis: The Bobbs-Merrili Company, Inc., 1956).

Kant, Immanuel, The Metaphysical Elements of Justice, trans. John Ladd (Indianapolis: The Bobbs-Merrili Company, Inc., 1965).

Kant, Immanuel, *Kant's Political Writings*, trans. H. B. Nisbet, ed. Hans Reiss (Cambridge: Cambridge University Press, 1970) .

Kaufmann, Walter (ed.), *Hegel's Political Philosophy* (New York: Atherton Press, 1970).

Lukács, Georg, *The Young Hegel: Studies in the Relations between Dialectics and Economies*, trans. Rodney Livingston (Cambridge: The MIT Press, 1975).

McBride, W. L., *Fundamental Change in Law and Society* (The Hague: Mouton, 1970).

MacIntyre, Alasdair, *Hegel: A Collection of Critical Essays* (Notre Dame: University of Notre Dame Press, 1976).

Macpherson, C. B., *The Political Theory of Possessive Individualism: Hobbes to Locke* (Oxford: The Clarendon Press, 1962).

Marcuse, Herbert, *Reason and Revolution: Hegel and the Rise of Social Theory* (Boston: Beacon Press, 1941).

Marx, Karl, *Critique of Hegel's 'Philosophy of Right'*, trans. Annette Jolin and Joseph O'Malley (Cambridge:

Cambridge University press, 1970).

Masters, R. D., *The Political Philosophy of Rousseau* (Princeton: Princeton University Press, 1968).

Mitias, M. H., *Moral foundation of the State in Hegel's Philosophy of Right: Anatomy of an Argument* (Amsterdam: Rodopi B. V., 1984).

Nettleship, R. L., *Lectures on the Republic of Plato* (New York: St. Martin's Press, 1968).

O'Malley, J. J. (ed.), *The Legacy of Hegel: Proceedings of the Marquette Hegel Symposium 1970* (The Hague: Martinus Nijhoff, 1974).

Pelczynski, Z. A. (ed.), *Hegel's Political Philosophy: Problems & Perspectives* (Cambridge: Cambridge University Press, 1971).

Pelczynski, Z. A. (ed.), *The State and Civil Society: Studies in Hegel's Political Philosophy* (Cambridge: Cambridge University Press, 1984).

Peperzak, Adriaan, "Hegel's Doctrine of Duty and Virtue", which was delivered in the colloquium program presented by the Department o Philosophy of Purdue University, 1984(?).

Plato, *Plato's Republic*, trans. G. M. A. Grube (Indianapolis: Hackett Publishing Company, 1974).

Plato, *The Laws*, trans. T. J. Saunders (Penguin Books, 1970).

Popper, K. R., *The Open Society and Its Enemies*, Two volumes (Princeton: Princeton University Press, 1971).

Rameil, Udo, *"Sittliches Sein und Subjektivität"* in *Hegel-Studien*, Band 16, 1981.

Reyburn, H. A., *Hegel's Ethical Theory: A Study of the Philosophy of Right* (Oxford: The Clarendon Press, 1921).

Riedel, Manfred, *Between Tradition and Revolution: The Hegelian Transformation of Political Philosophy* (Cambridge: Cambridge University Press, 1984).

Riedel, Manfred, *"Hegels Kritik des Naturrechts"* in *Hegel-Studien*, Band 4, 1967.

Ritter, Joachim, *Hegel and French Revolution: Essays on the Philosophy of Right*, trans. R. D. Winfield (Cambridge: The MIT Press, 1982).

Rousseau, Jean-Jacques, *The Social Contract and Discourse on the Origin of Inequality*, trans. I. G. Crocker (New York: Washington Square Press, 1967).

Rousseau, Jean-Jacques, *The Social Contract and Discourses*, trans. G. D. H. Cole (Dutton: Everyman's Library, 1973).

Rousseau, Jean-Jacques, *Politics and the Arts: Letter to M. d'Alembert on the Theatre*, trans. Allan Bloom (Ithaca: Cornell University Press, 1960).

Sartre, Jean-Paul, *Search for a Method*, trans. H. E. Barnes (New

York: Vintage Books, 1968).

Sartre, Jean-Paul, *Critique of Dialectical Reason*, trans. Alan Sheridan-Smith (London: Verso / NLB, 1976).

Shklar, J. N., *Men & Citizens: A Study of Rousseau's Social Theory* (Cambridge: Cambridge University Press, 1969).

Sigmund, P. E., *Natural Law in Political Thought* (New York: University Press of America, 1971).

Vaughan, Frederick, *The Tradition of Political Hedonism: From Hobbes to J. S. Mill* (New York: Fordham University Press, 1982).

Wild, John, *Plato's Modern Enemies and the Theory of Natural Law* (Chicago: The University of Chicago Press, 1953).

Whitebook, J. D., "Economics and Ethical Life: A Study of Aristotle and Hegel" (The New School for Social Research, Philosophy. Ph. D. 1977).

索　引

N

O

R

跋

清華大學中國文學系教授

年豐的博士論文中文版終於出版了，這是年豐踏進學術生涯的第一本著作，也是他的著作正式刊行的第六本書。如果再沒有其他的因緣的話，本書應該也是他親手撰寫的著作最後的一部出版品。

年豐的博士論文為《黑格爾的社會存有論》，年豐對超越性的宗教、哲學的議題以及對此世導向的政治議題同樣的關心。就哲學家的類型而言，他大概比較像中國明末的東林學派或古典德國哲學的那些哲人，他們不但兩頭關照彼界與此界的消息，而且認為所謂的彼界真理會參與到此界的價值之創造。年豐會選擇黑格爾的政治哲學立論，或許有些偶然的因素。但黑格爾主張：「理念」要從主觀的、在其自體的境域中體現在歷史的行程及國家的建置，這種理論的吸引力可能扮演了更重要的角色。不管在現實上理念該如何落實，也不管必然性體現為現象需要多少的物質的能量，但單單「理念」與「現象」可以扣得這麼緊，國家會成為理念的熟燦之花，這樣的哲學已足夠引發年豐縱躍其中，取精用弘了。

影響黑格爾政治關懷極大的關鍵是法國大革命，法國大

革命曾被他視為自由的體現，拿破崙是世界精神的人之圖像。但當自由演變為混亂，理性的必然沒有成為精神的本質，一切就走樣了。文化大革命一如法國大革命，一樣是以期待始，以挫折終。年豐之於文化大革命，就像黑格爾之於法國大革命，政治的本質不因文化的不同而有不同的表現。事後回想，文革無疑充滿了無數的謊言、暴力、陰謀，但只是謊言、暴力、陰謀絕無法解釋文革何以能掀起十年的狂風暴雨，喚起許多人以全身熾炙的熱情跳進永劫不復的火爐。一種能改變歷史行程的狂熱事件通常總有理念的因素，而且常是理念之神魔交雜，實妄相生。本篇博士論文雖寫於八○年代的美洲大陸，但其影響卻可在年豐後來的一些政治活動中看出。

　　年豐委運乘化已經十年了，十年不算太長，但就年豐關懷的社會現實的變遷而言，變化卻不可謂不大。總希望理念能轉化現實，台灣社會在轉型過程中一切的恢詭譎怪，最後可以化為新文化成長的土壤。

　　翻譯不易，翻譯並出版哲學著作尤難。一法之成，眾緣所聚。如果不是年豐學生張展源、林武佐、劉增雄、曹志成、林維杰、楊劍豐諸教授的契而不捨，薛清江先生的拔刀相助，陳榮灼兄的竭力幫忙以及年豐家人的資助，本書將永無面世之日。換另一種角度看，一本書能夠聚集師生之誼、家人之情、朋友之義於一身，這樣的現象即有極大的意義。本書可算是倫常的理念在具體人間的顯現。

譯後記

　　我們想翻譯這本蔣老師的論文，是因為蔣老師原本就規劃退休時將這本博士論文譯成中文，加上陳榮灼教授、香港鄧紹光博士看了論文內容都覺得有出版的價值，於是在陳教授的指導下，我們幾位同學、朋友便分攤章節練習譯了起來。這本論文得過普渡大學的 David Ross Fellowship，這是該校頒給傑出論文之學生的榮譽。由此可見，本論文的學術價值至少是受到該校哲學系教授們的肯定的。現在，中譯本在經過陳榮灼教授深入的審訂之後，我們相信是可讀的。

　　這本論文以研究黑格爾的《法哲學原理》一書為主軸，題目訂為「黑格爾的社會存有論」。所謂的「社會存有論」，依蔣教授自己的界定，是一對社會和政治結構的存有論式證成。（見論文 3-2 節第一段）所以，本論文基本上是屬於政治與社會哲學的領域。基本上，蔣教授認為：正如康德的《純粹理性批判》是西方形上學與認識論史中的最高峰，黑格爾的《法哲學原理》是西方社會與政治哲學史中的最高峰。

　　在翻譯的過程中，我們也參考了既有的大陸學者的相關譯本，但是我們覺得有些譯法、用詞不是那麼理想或對台灣的讀者並不熟悉。有些我們採用了，參考了，有些則是我們

自己依英文本加以更動調整的。尤其，我們還特地先後兩次請教了本論文的指導教授 Prof. William L. McBride。第一次是關於霍布斯的 rules of propriety 是否與財產有關，McBride 教授回答：“propriety”是“property”的早期拼法，所以是與財產有關。第二次是關於黑格爾及馬克斯使用“the Estates”一詞的確切意義，McBride 教授回答：黑格爾與早期馬克斯在使用“the Estates”一詞時，都是指涉普魯士的「兩院式議會」，而不是指涉階級（請參考第三章註 24）。所以，McBride 教授不僅指導了蔣教授的論文，為本譯文撰寫「導言」，還實際指導了我們的翻譯。這真是一段奇妙的因緣，也要在此特別向他致謝。

這本論文中有許多德文引文，其初稿都是中研院文哲所林維杰教授協助翻譯的。我們七個譯者中，只有薛清江博士與蔣教授並無師生緣，但他卻能在我們的邀請下熱心參與，在此要特別向他致謝。而林武佐博士雖未進行論文章節的翻譯，卻是做了收尾的工作。他負責格式以及人名、專有哲學術語之譯名的統一，以及為本書編了索引，增加了讀者在閱讀上的方便。林美蘭小姐（她也是蔣教授的學生）提供了專業的編輯協助，功不可沒；另外，鄧紹光博士與林遠澤博士對譯文初稿都曾表達過建言，在此也向他們致謝。

必須一提的是，在整本論文中，中括號[ ]的使用及其內容，在未註明「譯註」的情形下，都是蔣教授自己使用的。

最後，我們認為，翻譯本論文的意義之一是把一位傑出

學者的第一本長篇學術論文（事實上已經展現出令人佩服的學術才華）引介給中文的讀者，以便讀者在閱讀之餘能重新欣賞或重視這位學者的其他著作。

（張展源記）

國家圖書館出版品預行編目資料

黑格爾的社會存有論

蔣年豐著；劉增雄等譯. – 初版. – 臺北市：臺灣學生
2008.12
面；公分
參考書目：面
含索引
譯自：Hegel's social ontology

ISBN 978-957-15-1440-6 (平裝)

1. 黑格爾（Hegel, Georg Wilhelm Friedrich, 1770-1831）
2. 學術思想 3. 本體論

147.51   97023908

黑格爾的社會存有論

著　作　者：蔣　　　　年　　　　豐
譯　　　者：劉　　　增　　　雄　　　等
出　版　者：臺　灣　學　生　書　局　有　限　公　司
發　行　人：楊　　　　雲　　　　龍
發　行　所：臺　灣　學　生　書　局　有　限　公　司
　　　　　　臺北市和平東路一段七十五巷十一號
　　　　　　郵 政 劃 撥 帳 號 ： 0 0 0 2 4 6 6 8
　　　　　　電　話 ： (0 2) 2 3 9 2 8 1 8 5
　　　　　　傳　眞 ： (0 2) 2 3 9 2 8 1 0 5
　　　　　　E-mail：student.book@msa.hinet.net
　　　　　　http：//www.studentbooks.com.tw

本 書 局 登
記 證 字 號：行政院新聞局局版北市業字第玖捌壹號

印　刷　所：長　欣　印　刷　企　業　社
　　　　　　中 和 市 永 和 路 三 六 三 巷 四 二 號
　　　　　　電　話 ： (0 2) 2 2 2 6 8 8 5 3

定價：平裝新臺幣三○○元

西　元　二　○　○　八　年　十　二　月　初　版

14702

ISBN 978-957-15-1440-6 (平裝)